INHALT

EINLEITUNG

von Ivan Cooke. (gekürzt)

Die Welt der Feen und Naturgeister ist eine ätherische Welt. Auch wir Menschen haben ätherische Körper und sind daher Teil dieser ätherischen Welt. Wären wir nicht durch unseren materiellen Leib begrenzt, würden wir die Naturgeister sehen und hören und wären von ihrer Existenz überzeugt. Wie aber sollen wir es anfangen sie dennoch zu sehen? Gibt es überhaupt eine Antwort auf diese Frage? Ich meine ja.

Nehmen wir an, wir spazierten an einem hellen Sommertag auf einem lichten Waldweg mit Gebüsch und Farnkräutern zu beiden Seiten. Wir gehen ohne eigentlich genau zu beobachten. Umgekehrt beobachtet uns scheu und ängstlich aus ihren natürlichen Schlupfwinkeln eine nicht geringe Schar von Vögeln und Kleingetier. Ihre Scheu ist durchaus begründet, denn ihre Artgenossen wurden vom Menschen gejagt, getötet, geschunden und dezimiert. Würden wir genau hinsehen, sie beobachten und aufspüren, verschwänden sie sogleich. Doch solange wir sie nicht stören, bleiben sie.

Genauso verhält es sich mit den Feen, Elfen, Zwergen, ja mit allen Naturgeistern. Spähe nach ihnen – und sie werden verschwinden. Nimm sie wahr mit einem «hellsehenden Seitenblick» – und sie bleiben. Leider haben sich die Naturgeister mehr und mehr aus dem Sehbereich des Menschen zurückgezogen.

Anders war es vor tausenden von Jahren auf Erden.

Damals liebte der Mensch die Natur so sehr, daß er sie als seine Große Mutter verehrte und ihr mit Hingebung diente. Damals war es ganz natürlich, daß Menschen und Naturgeister Hand in Hand arbeiteten. Engelwesen und Naturgeister waren ein wichtiger Teil des Menschendaseins. Keine lebendige Kreatur wurde getötet. Leben in jeglicher Form war heilig. Nahrungsmittel wurden in der Arbeitsgemeinschaft zwischen Menschen, Engeln und Naturgeistern derart gehaltvoll und schmackhaft erzeugt, daß sich der Mensch völliger Gesundheit erfreuen durfte. Der Tod erschien ihm unwichtig und sein Weiterschreiten in stets hellere und bessere Daseinsstufen war ihm ganz natürlich.

So lebte die Menschheit in alten Zeiten und so wird sie wiederum leben können, wenn ihre Gedankenwelt freundlich und ihre Lebensweise friedfertig geworden ist. Sollten wir nicht versuchen, alle Kreatur zu verstehen, zu verehren und zu lieben? Dann wären wir dem Tor näher, das uns vom Feenreich trennt.

Dieses unsichtbare Tor existiert zwischen uns Menschen und dem Reich der Feen und Naturgeister. Heute ist es verschlossen, denn das kleine Volk traut den Menschen nicht mehr. Wie können die Erdgeister gesundes Pflanzenwachstum fördern und Kulturland betreuen, das mit Kunstdünger gedüngt und mit giftigen Unkrautvertilgungsmitteln und Insektiziden gespritzt ist, wodurch das Gleichgewicht gestört wird und Vögel und Kleingetier zugrunde gehen?

Wie können Wassergeister ihre Arbeit tun, wenn Unrat und Gifte durch Abwasserkanäle und Flüsse ins Meer geschwemmt werden? Sogar in der Antarktis wurden in Fischen und fischfressenden Vögeln Spuren von diesen Giften gefunden, die aus unseren Gewässern diese weitabgelegenen Meere erreichen. Luftgeister sind gezwungen in höhere Luftregionen zu flüchten, weit weg von Industriestädten und abgasgeschwängerten Verkehrsstraßen.

Der Mensch von heute zeigt wenig Verständnis für die Probleme dieser ihm kaum bekannten Geschöpfe Gottes, die Erde, Luft und Wasser seines Planeten bevölkern.

So sehen wir denn, warum das Tor ins Land der unbekannten Feen und Naturgeister in seinen Angeln rostet, und warum das kleine Volk mißtrauisch ist und sich selten bemerkbar macht. Trotzdem können diese Wesen erkannt, willkommengeheißen und zur Mitarbeit gewonnen werden. In einsamen Gegenden, unberührten Wäldern und Berglandschaften, in natürlicher Umgebung, wo Gras, Strauch- und Baumbestand noch unverdorben gedeihen, wo alles noch rein und unberührt ist, dort leben sie in Scharen und isolieren sich auch nicht von jenen Menschen, die ihnen Liebe entgegenbringen.

Im Gegenteil, an naturliebende Menschen kommen sie nahe heran, meist unerkannt und ungesehen.

So nimm sie in dein Bewußtsein auf – und ihre Freude wird groß sein. Ignoriere sie weiterhin – und sie ziehen sich noch mehr zurück. Das Tor öffnet sich jenen, die es verdienen eingelassen zu werden – nur jenen – denn das kleine Volk hat auch seinen Stolz.

I

DIE BRUDERSCHAFT VON MENSCHEN
UND ENGELN

Wir möchten euch von einer Bruderschaft berichten, jener großen Bruderschaft, die zwischen Engelwesen und Menschen existiert, aber nur von Wenigen erkannt und verstanden wird. Bei der Bezeichnung «Bruderschaft der Menschen» denkt man sofort an soziale Gleichmacherei, an das Zusammenlegen irdischer Güter und deren gleichmäßige Verteilung. Dies aber ist nicht, was *wir* meinen, wenn wir von Bruderschaft sprechen.

Alle Menschen sind geistig miteinander verwandt, sind Schwestern und Brüder, denn alle wurden im Anbeginn der Zeit vom LOGOS als Lebensfunken ausgesandt. Alle sind von gleicher Grundsubstanz, alle sind Kinder des einen göttlichen Elternpaares, und in diesem Sinne ist kein Mensch größer oder wichtiger als sein Bruder.

Die nicht inkarnierten geistigen Führer und Lehrer, die auf dem Entwicklungspfad ein wenig höher stehen, schauen hinunter auf den Kampfplatz des Lebens. Sie sehen nicht die Uniform des Einzelnen, der gegen seinen Bruder kämpft, sondern die Seele und den Geist innerhalb der äußeren Schale. Sie erblicken die Seele in ihrer Strahlkraft. Sie haben volles Verständnis für des Menschen Nöte und Schwächen, die das Los einer jeden Seele sind, und sie wissen, daß im Verlaufe der Höherentwicklung alle dereinst stark,

11

strahlend und siegreich aus den Schwierigkeiten und Konflikten des Erdenlebens hervorgehen werden.

Der Geist des Menschen, der mit göttlicher Energie geladene Lebensfunke, der vom LOGOS ausgesandt wurde, steigt durch die verschiedenen Bewußtseinsebenen hinab, bis er zuletzt die unterste, die physische Ebene erreicht. Während dieser Reise erschafft er sich das Gewand, den Leib oder den Tempel, den wir seine Seele nennen. Auf diesem Weg, dem absteigenden Bogen des Kreises, sammelt der Geist Erfahrungen und wird individualisiert, wird zum Einzelwesen. In seiner dichtesten Form scheint er gänzlich in Selbstsucht unterzutauchen, in eine Persönlichkeit, die in ihrer Wachstumsanstrengung zu dem wird, was ihr einen Egoisten nennt. Auch das hat seinen Sinn, denn letztendlich wird hierdurch die Seele zum Wachstum angeregt. Doch in ihrer tiefsten Tiefe, eingehüllt in das Selbst, sucht die Seele, wie es das Tier tut, lediglich das eigene Vergnügen und die eigene Macht.

Doch im Verlauf ihrer Entwicklung, wenn die Seele anfängt, das Licht, das von Gott auf sie einstrahlt, aufzunehmen, wendet sie sich, um wieder emporzusteigen. Wie ein Unterseeboot, das, nachdem es den Meeresgrund erreicht hat, allmählich wieder zur Meeresoberfläche auftaucht, so klettert die Seele von der Tiefe des Materialismus erneut zum Licht empor. Hülle um Hülle von Erdhaftigkeit und Selbstsucht wird abgestreift, wenn die wahre Natur sich zu regen beginnt und Seele und Geist vorwärts drängen, um jenes strahlende Wesen zu werden, das Gott ursprünglich plante.

Die Talente, mit denen der Gottesfunke ausgestattet wurde, als er aus dem Herzen des LOGOS hervorging, sind nicht für immer verschüttet. Die Seele steigt durch die Sphären des Lichtes in dem Maße empor, in dem sie es lernt, diese Talente einzusetzen. Diese Sphären des Lichtes befinden sich nicht unbedingt außerhalb der Reichweite des inkarnierten Menschen, denn sie können ihm zugänglich sein, während er noch im physischen Körper lebt. Alles ist eine Frage der Entwicklung. Der Mensch, der wach genug geworden ist, um mehrere Lagen des irdischen Verstandes und der irdischen Gewohnheiten abzulegen und nicht länger durch animalische Instinkte gefesselt ist, beginnt, sich der inneren Welten von Licht und Schönheit bewußt zu werden, Welten, die er sich zuvor nicht erträumen konnte. Dann ist er von einem einzigen großen Wunsch beseelt – dem Wunsch, Gott zu dienen, denn eine erwachende Seele hat einen Blick in die Herrlichkeiten der Gotteswelt getan.

Dann endlich *weiß* er, denn sein Geist sagt ihm mit klarer Stimme, daß er nur im Dienen Gott wahrhaft verehren kann. Er weiß, daß er, um Gott nahe zu kommen, den Scharen von Engelwesen bei ihrer Arbeit helfen darf und soll. Mit anderen Worten gesagt, er muß der Sache der Bruderschaft dienen, die Entwicklung fördern, muß alle Menschen als Brüder erkennen, wohl wissend, daß der Kamerad an seiner Seite demselben Pfad folgt, das gleiche Ziel hat wie er. Alle gehen denselben Weg. So drängt er voran als einer aus der großen Armee jener, die bereits im Licht sind. Nicht länger wird er seinen Bruder niederdrücken, während er schwimmt, denn er weiß, daß dieser mit geistigen Fäden an ihn geknüpft ist – und wenn der Bruder fällt – geht er mit ihm unter. Nach demselben Gesetz muß ein Land, das seinen Nachbarstaat mißbraucht, letztlich mit diesem untergehen.

Das göttliche Licht bringt somit einer jeden Seele das Wissen um die Bruderschaft aller Menschen. Wenn diese Erkenntnis dämmert, wird jeder selbstsüchtige Ehrgeiz und jeder egoistische Wunsch schlußendlich abgelegt. Die Seele hat nur noch den einen Gedanken, das eine Ideal – das gemeinsame Wohl aller. Hier mögt ihr einwenden: «Bedeutet das nicht ein Aufgeben, ja ein Auslöschen der Persönlichkeit?» Nein, es bedeutet nicht das Verschwinden des persönlichen Ichs – vielmehr dessen Erweiterung. Wenn der Mensch einmal sich ganz hingibt, sein ganzes Sein, dann – statt sie zu verlieren – gewinnt er die ganze Welt. Dann erweitert er sein persönliches Bewußtsein in das kosmische Bewußtsein, ja sogar in das Christusbewußtsein. Dann wird er EINS mit dem großen, weißen LICHT, EINS mit der ganzen Schöpfung.

Hat einmal der Mensch sein Antlitz den Sphären des Lichtes zugewandt, die sowohl in ihm, als auch außerhalb sind, dann beginnt er zum «Visionär», zum «Seher» zu werden. Befreit von der Langeweile des niederen Verstandes wird sein Sehvermögen erweitert, sein Hörvermögen geschärft. Er dringt in unbekannte Sphären vor und registriert mit seinen sensibilisierten Sinnen Wellen aus dem Hör- und Sehbereich, die kein materielles Instrument messen kann. Als «Sensitiver» registriert er diese Licht- und Tonwellen und wird sich einer ganz neuen Welt bewußt. Seine Seele ist wie ein Schmetterling, der sich aus seinem Kokon befreit.

Denke nicht, daß ein solch herrliches Erwachen

sich erst dann ereignet, wenn du deinen Körper abgelegt hast. Wenn dein eigener Geist dem Christusgeist genügend nahe gekommen ist, wirst du jene bisher unsichtbaren geistigen Welten wahrnehmen können.

So wirst du dir unter anderem eines Lebens bewußt, das innerhalb der Naturreiche existiert. Es sind Lebensströme, die parallel zur Menschheitsentwicklung verlaufen und mit ihr zusammenarbeiten – Naturgeister, die nicht nur in Bilderbüchern für Kinder vorkommen, vielmehr Wirklichkeit sind und innerhalb des großen Entwicklungsplanes Gottes ihren eigenen Zweck und Sinn haben. Diese Naturgeister beschäftigen sich unter anderem mit dem Auf- und Niedersteigen der Lebenskräfte innerhalb von Pflanzen und Bäumen. Wären deine Augen geöffnet, du würdest solche Geister in fröhlich rauschenden, plätschernden Bächen sehen können. Es sind glitzernde Wassergeister, die Nymphen und Nixen. Du könntest auch Sylphen oder Luftgeister mit ausgebreiteten Flügeln sehen, oder Salamander, die Feuergeister inmitten eines flammenden Feuers.

Alle physischen Manifestationen des Lebens tragen in sich ein geistiges Gegenstück. Seid nicht so selbstherrlich, meine Freunde; warum sollte der Mensch das einzige beseelte Wesen auf der Erdensphäre sein und alle anderen Formen nur leere Hüllen? Wenn ihr glaubt, daß der Mensch ein in einen Fleischesleib gehüllter Geist ist, dann müßt ihr auch dem Pflanzen- und Tierreich unsichtbares Leben zubilligen.

Einige dieser Naturgeister werden sich allmählich zur Himmelswelt emporentwickeln. Sie sind eine Parallelentwicklung zu derjenigen des Menschen. So wie der Mensch letztlich göttlich wird, so entwickeln sich gewisse Naturgeister von Gnomen, Elfen und Sylphen zu Engelwesen. In dieser Gestalt spielen sie eine wichtige Rolle im Menschenreich.

Ihr neigt dazu, den Geist verstorbener Menschen mit Engelwesen zu verwechseln, doch da begeht ihr einen Fehler. Die Engel entstammen einer anderen Entwicklungslinie als der Mensch, obgleich die Engel eng mit den Menschen verbunden sind und ihnen in ihrer Arbeit und in ihrem Erdenleben helfen. Schon immer ging der Mensch zusammen mit den Engeln auf dem Erdenpfad, und die Menschheit, ob sie es weiß oder nicht, lebte zu allen Zeiten unter der Obhut von Gottes Engeln. Nicht einer von euch geht den Weg allein. Vom Moment der Geburt bis zum Tod seid ihr von einem Schutzengel bewacht, der für diese Aufgabe ernannt wurde.

Schutzengel und geistige Führer sind nicht ein und dasselbe. Euer Führer entstammt der Evolutionslinie der Menschen, euer Schutzengel derjenigen der parallelen Entwicklung der Naturgeister. Sollen wir den Schutzengel den Wächter des Gesetzes nennen? Er ist ein Hüter des karmischen Gesetzes, das alles Leben regiert. Spricht nicht die Bibel von einem Engel, der alles aufzeichnet? Ihr moderne Menschen habt diese Idee als Unsinn abgetan. Doch glaubt uns, meine Freunde, der Engel der Chronik existiert wirklich, doch nicht in der allzu menschlichen Gestalt des Engels mit dem Buch des Lebens in der Hand. Die Hüter des Gesetzes überwachen, lenken und registrieren die Auswirkungen des Karma, das Gesetz von Ursache und Wirkung.

Die Idee des Engels als ein geflügeltes Wesen ist nicht so abwegig wie ihr glaubt. Der im Halbdunkel und im Gefängnis seines Körpers lebende Mensch hat nur eine geringe Ahnung von der Herrlichkeit eines Engels. Ein unbeschreiblich glanzvolles Licht strahlt von der Gestalt eines solchen Wesens aus, besonders vom Scheitel des Hauptes. Es ist eine Strahlung, die wie Flügel aus Licht anzusehen ist. Die großen Engel, die als Boten aus der Christussphäre der Himmel den Menschen erscheinen, kommen in einem solchen Licht. Wir sprechen in voller Kenntnis der Tatsachen wenn wir sagen, daß jenseits des dunklen Schleiers der irdischen Welt Engelwesen aus den Himmeln die Seelen der Menschenkinder betreuen.

Als Petrus gefangen saß, sandte Gott einen Engel zu seiner Befreiung, und die Ketten, die ihn fesselten, fielen ab. Dann berührte ihn der Engel und sagte: «Folge mir», und der Jünger folgte ihm. Auch du mußt es erlernen wachsam zu sein und bereit, dem Engel des Herrn zu folgen oder der Stimme der Wahrheit zu gehorchen. Dann wirst du wie Petrus vom irdischen Gefängnis erlöst und findest dich wieder in einer Welt der Freiheit.

Jene Engelwesen, von denen wir reden, haben nie die Erfahrung einer menschlichen Inkarnation gemacht. Sie sind auch nicht in der Lage, dem Menschen sehr nahe zu treten, bis dieser gelernt hat, seine Gefühle zu beherrschen. Wenn einmal Emotionen und Leidenschaften unter Kontrolle sind, und der Friede des inneren Christus die Seele regiert, dann kann der Schutzengel tatsächlich sehr nahe kommen und ein menschliches Leben schützen, leiten und mit Licht erfüllen. Oh, wären wir doch in der Lage, die Schönheit und die Hilfe zu schildern, die der Mensch erhalten kann und eines Tages auch erhalten wird von den Engelwesen, deren Aufgabe es ist, ihm auf dem Pfad der Entwicklung wie auch in seinem Dienst am Mitmenschen zu helfen.

Möge Gott euch segnen, meine Freunde, und euch die Kraft verleihen, das Wunder Seines Universums zu begreifen. Mögt ihr den Pfad eurer täglichen Pflichten beschreiten in der Gewißheit, daß ihr die Kameradschaft und Liebe, die Führung und Mitarbeit der Engel erfahren dürft. So könnt ihr Frieden finden, den Frieden der von irdischer Angst und Gebundenheit befreiten Seele.

II

DIE ENGEL-HIERARCHIEN

Viele von euch sind sich der Liebe und Führung bewußt, die euch von Freunden und Lehrern aus höheren Welten zuteil wird, die sich, um der Menschheit zu dienen, euch zugesellen. Aber nur wenige wissen um Ausmaß, Erhabenheit und Vielfalt jener himmlischen Scharen, die sich um das Leben auf der irdischen Ebene kümmern. Ihr habt vielleicht eine vage Vorstellung von Devas und Engeln und habt euch gefragt, ob diese wirklich existieren und welchen Aufgaben sie sich widmen. Ihr habt auch von der Hierarchie gehört, die den Lebensplan und die geistige Entwicklung der Menschheit überwacht. Im Folgenden bemühen wir uns, euch die beiden mächtigen Organisationen zu beschreiben, um euch einen besseren Einblick in den Plan der Evolution zu gewähren.

Mit der *Entfaltung des geistigen Bewußtseins im Menschen* befassen sich auf der einen Seite die älteren Brüder und Meister, während auf der anderen Seite die Hierarchien der Engelwesen mit *der Entwicklung und der Formung der Gestalt* betreut worden sind.

So werdet ihr erkennen, daß die Engel sich mit der Gestaltung von Körpern oder Seelenträgern in allen Naturbereichen befassen. Andererseits kümmern sich die Meister und noch höhere Wesen um die Entfaltung des Gottesbewußtseins innerhalb der Formen. Der Schöpfungsplan bedarf der engsten Zusammenarbeit und des Ineinandergreifens dieser beiden Hierarchien. Eine Trennung zwischen Engeln und Menschenwesen ist undenkbar. Unter Umständen kann eine Menschenseele, die bis zur Grenze der Befreiung von materieller Form und physischem Leben vorgedrungen ist, sogar in den Evolutionszweig der Engelwesen hinüberwechseln, um dort zu wirken. Umgekehrt sind Engelwesen von Zeit zu Zeit eine enge Verbindung mit der menschlichen Familie eingegangen.

Manche von euch haben ohne Zweifel aus den Legenden der Alten gehört, daß eine Vereinigung zwischen Engeln und Menschen möglich sei. Der englische Magier Merlin, so berichtet eine dieser Legenden, war das Kind einer solchen Verbindung. Dieses Beispiel veranschaulicht, was wir meinen. Unsterbliche Wesen können sich zu einem ganz bestimmten Zweck mit den Erdenmenschen verbinden; das gilt aber nur für jene, die eine besonders hohe Mission zu erfüllen haben.

Eure Welt ist sehr dunkel im Vergleich mit den Reichen des Lichtes und der Schönheit jenseits der Erde. Keiner kann sich auch nur die geringste Vorstellung von der Größe und Schönheit des göttlichen Planes machen und keiner von euch hat eine Ahnung von dem Leben, das sich auf anderen Planeten entfaltet und eng verknüpft ist mit der Schöpfung und Entwicklung der Erde. Von diesen geistigen oder «heiligen Planeten», wie einige sie nennen, kommen Engel, um bei der Entwicklung irdischer Formen mitzuwirken.

So kamen Engelwesen von der Venus auf die Erde, um in den Anfängen speziell bei der Entwicklung der verschiedenen Lebensformen mitzuhelfen. Zu einem späteren Zeitpunkt kamen menschliche Wesen, die zuvor auf einem anderen Planeten einen gewissen Entwicklungsstand erreicht hatten, und inkarnierten auf der Erde, um ihren jüngeren, noch weniger entwickelten irdischen Geschwistern zu helfen.

Somit waren es damals gleich zwei Arten von Wesen, die sich um die Weiterentwicklung irdischen Lebens bemühten: Einmal die Engel oder großen planetarischen Wesen, auch Götter genannt, und jene «Gottmenschen», die im Sinne menschlicher Entwicklung weiter voran waren.

Schon oft haben wir von den drei Wesenheiten, der Trinität, gesprochen, die von Anfang an da war und die sich ausschließlich mit diesem Sonnensystem und mit der Evolution des Planeten Erde befaßt. Am besten begreift man sie als die drei Aspekte – Weisheit – Liebe – Macht. Diese sind die DREI, von denen alles Leben stammt, die drei ersten oder primären Lebensstrahlen. Auf einem dieser Strahlen kommen die Engel des Dienens, die sich dem in Form gekleideten Leben in allen Reichen der Natur widmen.

Pulsierendes Leben und Wachstum existieren nicht nur im Tier- und Pflanzenreich, sondern auch im Mineralreich. Da gibt es jene, die man «Elementarwesen» nennt, die unter der Leitung von Engeln, jedes auf seine eigene Weise, bei der Evolution und dem Wachstum von Gestein und Mineralien mithelfen. Sie sind Werkzeuge auf der unsichtbaren Ebene, um Lebenskräfte weiterzuleiten. Diese kleinsten Lebensformen im Mineralreich sind die Träger der feinsten und delikatesten Wachstums- und Lebenskräfte.

Dasselbe gilt für das Pflanzenreich. Ihr, die ihr Blumen liebt und Pflanzen besorgt, wißt, daß planetarische Einflüsse das Wachstum von Blumen und Kräutern regeln und könnt manches tun, um den Naturgeistern und Elfen bei ihrer Arbeit zu helfen. Diese Wesen stehen direkt unter dem Einfluß von Engeln, die sich mit der Entwicklung von Gestalt und Wachstum auf der Erde befassen. Große Fortschritte werden erzielt, wenn Landwirte und Gärtner planetarische Einflüsse auf das Pflanzenwachstum zu verstehen beginnen. Es ist für den Landwirt und Gärtner durchaus möglich, sich mit den Engelwesen und Devas in Einklang zu bringen, um, mit diesen in Partnerschaft, das feinste und beste Resultat zu erzielen.

Wir möchten euch von der Weisheit der älteren Brüder, jenen hohen Wesen, welchen das Leben auf der Erde am Herzen liegt, überzeugen. Ihr seht das Chaos in der Welt. Euch erscheint das Menschenleben sturmgepeitscht und ihr fragt euch, wie das alles enden wird. Hinter jedem Bereich menschlichen Lebens, hinter Staatsmännern und Regierungen stehen größere Geister, die sich um die Evolution des Menschengeschlechtes bemühen. Wenn ihr von Geschehnissen hört, die euch als Katastrophen erscheinen, dann seid euch bewußt, daß sogar hier der Meister am Werk ist, wie ein Gärtner mit seiner Baumschere. Natürlich habt ihr tiefes Mitgefühl für die Opfer, doch wißt, daß die Meister und Engel für die Leidenden ein viel größeres Mitgefühl haben als ihr je begreifen könnt. Deshalb bewahrt eure innere Ruhe und seid euch in allem und zu jeder Zeit der Realität der himmlischen Scharen hinter den Geschehnissen bewußt, deren Ziel es ist, die Menschheit zur Vollkommenheit zu führen.

Eine gewisse Gruppe von Engeln befaßt sich ausschließlich mit dem Wesen der Dinge, mit den spezifischen Fähigkeiten sowohl der menschlichen Seele als auch der Seele des Universums. Göttliche Eigenschaften wie Liebe werden von den Engeln der Liebe betreut, göttliche Wahrheit von den Engeln der Wahrheit, göttliche Gnade von den Engeln der Gnade. Diese Engelwesen sind tatsächlich aus Seeleneigenschaften erschaffen und manchmal nehmen sie Menschengestalt an oder tragen zumindest ein menschliches Antlitz. Hierin liegt eine große Wahrheit. Gott schuf den Menschen nach seinem Ebenbild. Es scheint, daß die menschliche Gestalt eine Idealform ist, durch welche sich Gott auf Erden manifestieren kann. Durch Christus wurde der Menschheit die vollkommenste Manifestation vor Augen geführt, das höchste Idealbild Gottes in Menschengestalt. Jedes Wesen im Reiche der Naturgeister und in den Engelwelten, ja sogar in gewissem Grade die Planetenwesen, nehmen diese gleiche Form an.

Oh meine Freunde, könnte die Menschheit doch begreifen, wie bedeutsam es ist, daß Mann und Frau nach dem Bildnis von VATER-GOTT, respektive MUTTER-GOTT erschaffen sind. Könnt ihr denn nicht die große Bedeutung der innewohnenden Göttlichkeit im Menschen erkennen? Besinnt euch darauf, wenn ihr die scheinbare Erniedrigung des Mitmenschen betrachtet. Statt diesen zu verdammen, solltet ihr eigentlich das göttliche Antlitz im Bruder und in der Schwester verehren.

Eines der ältesten Symbole, die man auf Steinskulpturen in allen Teilen der Erde gefunden hat, ist das Kreuz mit dem Kreis. Es symbolisiert den Menschen im Universum, der über den Kreis hinausreicht um zu geben. Es ist das Symbol des Christusmenschen, des vollendeten Menschen in seiner Stellung der Hingabe und des Gebens, geborgen im Kreis der universellen Liebe. Aus seinem Herzen erblüht die Rose der Liebe. In der Kreuzform angedeutet sind auch die vier Quadranten, welche die vier großen Götter oder Engel der vier Elemente symbolisieren.

Es sind die vier großen Wesen der Hierarchie an der Spitze des Evolutionsplanes für diese Welt – die vier großen «Herren des Karma» (Lords of Karma). Unter diesen Lords of Karma wirken noch weitere «Regenten». Sie stehen auf der Skala der Evolution auf verschiedenen Stufen. Es gibt Lords für das Weltkarma und das nationale Karma, wie auch für Gruppenkarma und für individuelles Karma. Diese großen Wesenheiten halten sogar die Erdkruste in ihrer Obhut und unter ihrem Willen, ihrer Weisheit und Macht. Eure Wissenschaftler mögen der Ansicht sein, daß alles von Naturgesetzen abhänge. Das ist wohl der Fall, aber es ist nicht die ganze Wahrheit. Hinter den Naturgesetzen und ihren Auswirkungen, hinter den Katastrophen eures Planeten stehen hohe Intelligenzen – die Gärtner mit der Baumschere – die Lords of Karma. Solche Ereignisse unterstehen ihrer Weisheit und ihrem Willen und sind ein Teil des großen Planes, der das Wachstum und die Entwicklung der Menschenseele im Auge hat und hierfür riesige Zeitzyklen benötigt.

In diesem Zusammenhang möchten wir erwähnen, daß Engel, die während einer Heilbehandlung anwesend sind, nicht nur mit dem jetzigen Leben eines Patienten und mit dem Heilen seiner derzeitigen Krankheit beschäftigt sind. Große Liebe und tiefes Mitgefühl für ihre jüngeren Brüder erfüllt sie, doch sie beachten neben der individuellen Behandlung auch den großen Bauplan. Wenn die Engel mithelfen den physischen Leib zu reinigen und zu heilen, dann tun sie mehr als dies. Sie wirken kreativ, denn sie weben geistige Kräfte des Lichtes in die feinstofflichen Körper und in den physischen Leib – Kräfte, die dazu dienen, langsam aber stetig die menschliche Form für die zukünftige Rasse vorzubereiten und zu erschaffen. Hieraus mögt ihr ersehen, wie wunderbar der Plan Gottes für die Entwicklung des Menschen auf Erden ist.

Denkt nicht, der menschliche Entwicklungsstrom sei der einzige oder sogar der beste Lebensstrom. Und seid euch gleichzeitig bewußt, daß in tausenden von Jahren – in einer unvorstellbar fernen Zukunft –, der einfache Herr Müller, die schlichte Frau Meier sich zu Gottmenschen entwickeln können, um gemeinsam mit den Engeln auf einem anderen Planeten vollkommeneres Leben zu erschaffen. Welch ein Ausblick ewigen Fortschritts liegt vor euch! Deshalb sagen wir: Versäumt keine Gelegenheit eure Seele zu erheben, ihre Schwingung zu erhöhen, damit sie Hand in Hand mit den Engeln einer Zukunft entgegengehen kann, die sich kaum erträumen läßt.

III

ENGEL DES LICHTES UND ENGEL DES SCHATTENS

Es gibt zweierlei Aspekte im Leben, gewöhnlich Gut und Böse genannt. Auf der «guten» Seite wirken viele Wesen unter der Leitung unseres Herrn und Meisters Christus. Auf der anderen Seite wirken Scharen von Wesen, die man «böse» nennt. Es sind die Engel des Schattens, die, obschon ihre Arbeit anders ist als diejenige der Engel des Lichtes, dennoch innerhalb des kosmischen Gesetzes wirken. Wenn ihr Gott als den allmächtigen VATER anerkennt, dann müßt ihr wissen, daß das, was den Engeln des Schattens und der Zerstörung unterstellt ist und als böse bezeichnet wird, dennoch unter der Kontrolle dieser unendlichen Macht – in der Hand Gottes – liegt. Wäre dem nicht so, dann würde absolutes Chaos herrschen. Wäre es anders, wie könntet ihr Glaube, Vertrauen und Zuversicht in die göttliche Liebe haben? Glaube, Vertrauen und Zuversicht wurden der Menschheit in den Mysterienschulen gelehrt, die ihrerseits die Religionen aller Zeitalter beeinflußten. Schon immer wurde dem wahren Schüler des Meisters eine grenzenlose Liebe enthüllt, die inspiriert, führt und schützt, und die auch Gutes aus scheinbarem Chaos hervorbringt.

Heißt das, werdet ihr fragen, daß der Konflikt niemals enden wird, wenn dauernd beide, die Engel des Lichtes und die Engel des Schattens, am Werk sind? Alles ist eine Frage der persönlichen Auffassung von

Licht und Dunkelheit. Man ist allzu sehr geneigt, die Dunkelheit als *Widersacher* des Lichtes zu empfinden. Wenn wir unser Bewußtsein über das Niveau der Erde hinaus erweitern, lernen wir, daß Licht und Finsternis eigentlich ein und dasselbe sind, daß die Konflikte sich in Harmonie auflösen, denn Licht und Dunkelheit sind Spiegelbilder, eines vom anderen. Das Leben kann nicht bestehen ohne die Dunkelheit, die für die Evolution wichtig ist. Sie steuert den negativen Aspekt bei, um den positiven hervorzuheben, denn – ohne Schatten – kein Licht.

Doch mit dieser einfachen Erklärung werdet ihr kaum zufrieden sein. Ihr möchtet wissen, ob es denn wirklich Engel und Kräfte der Finsternis gebe. Ist Gott der Erschaffer auch Gott der Zerstörer? Ja, in einem gewissen Sinn ist das so. Der Gott der Finsternis kann mit Shiva, dem Gott der Hindus, dem Zerstörer, verglichen werden. Aber in Wirklichkeit entpuppt sich dieses zerstörende Element als konstruktiv. Der Zerstörer, der das unerwünschte Gewucher hinwegfegt, macht den Weg frei für neu zu Erschaffendes. Somit haben die Engel des Schattens ihren Platz im Evolutionsprozeß.

Wir möchten euch auf die Bedeutung des Gleichgewichtes aufmerksam machen. Die gegensätzlichen Aspekte Licht und Dunkel, Positiv und Negativ, ergeben in ihrem Zusammenwirken die Balance, das Gleichgewicht, eines der fundamentalen Lebensgesetze. Das Ziel ist absolutes und vollkommenes Gleichgewicht innerhalb des Mikrokosmos und des Makrokosmos. Von einer höheren Bewußtseinsebene aus betrachtet sind Licht und Dunkel zwei Kräfte, die in ihrem Zusammenwirken das vollkommene Leben hervorbringen. Auf die gleiche Weise wird es dem Einzelnen ermöglicht, Meisterschaft zu erreichen. Alle Menschen werden zur gegebenen Zeit verstehen, wie sie die positiven und negativen Kräfte miteinander verbinden, mischen und gegenseitig ausgleichen können, um das goldene Zeitalter zu verwirklichen, denn nur wenn diese beiden Kräfte harmonisch zusammenwirken, kann ein «goldenes Zeitalter» anbrechen.

Wir wollen diese Gesetzmäßigkeit klar und unmißverständlich in unser geistiges Weltbild einbauen. Während die Engel des Lichtes unter der Führung des höchsten Meisters des Lichtes, unter Christus, dem Sohn, wirken, arbeiten auch die Engel des Schattens innerhalb des Gesetzes und auf Gottes Geheiß. Doch ihre Arbeit ist komplementär zu derjenigen der Engel des Lichtes. Diese beiden Kräfte wirken auf die Menschheit zu dem einzigen Zweck, die Evolution zu fördern und um den Menschen zum Bewußtwerden seiner eigenen Göttlichkeit zu bringen. Zu Anbeginn wurde der Menschengeist, der individuelle Funke göttlichen Lebens, von der Gottheit ausgehaucht, um durch viele Stufen des Lebens abzusteigen. Dann wurde er in Materie gekleidet, damit er lerne, die Materie zu meistern, und um dem vorerst unbewußten göttlichen Funken Gelegenheit zu geben, zu einem gottbewußten Wesen heranzuwachsen. Im Gottbewußtsein eures Meisters, Jesus, dem Christus, habt ihr ein Beispiel des vollkommen gewordenen Menschen.

Ehe die Menschheit in die Materie und somit auf ihren Pfad irdischer Erfahrungen gesandt wurde, kamen fortgeschrittene Wesen auf euren Planeten, um ihr behilflich zu sein, auf der Erde Fuß zu fassen. Mithelfer in diesem Prozeß waren Engel des Lichtes und Engel der Finsternis, Mächte von Gut und Böse, oder ein wenig anders ausgedrückt: Engel, die dem Lichte dienen und andere, die dem Schatten dienen. Die Engel des Lichtes oder des Guten stehen für die Kräfte des Aufbauens. Diejenigen des Schattens oder des Bösen sind die notwendigen Kräfte der Zerstörung, notwendig, weil sie stets am Werk sind, jene Aspekte individuellen und nationalen Lebens und Denkens auszumerzen, die nicht mehr von Nutzen sind. Denkt daher nicht, die lichten und dunklen Engel seien Gegner und ständig miteinander im Kampf. Begreift sie vielmehr als sich ergänzende Kräfte. Unterschätzt auch nicht die Macht dieser Wesen, denn beide Aspekte göttlichen Wirkens sind Generation auf Generation, Zyklus auf Zyklus innerhalb des irdischen Daseins am Werk, um dem Wachstum nachzuhelfen und das zu beseitigen, was im Menschen unwürdig ist.

Nun wird wohl bei manchen von euch die Frage auftauchen, ob die Engel des Schattens, die sich vielleicht des Lichtes, der Weisheit und der Kraft der Gottheit noch nicht ganz bewußt sind, über die Engel des Lichtes triumphieren könnten, um so den Untergang der Menschheit auszulösen? Unsere Antwort ist: Nein. Die dunklen Engel können nur bis zu einem bestimmten Punkt gehen – weiter nicht. Denn dann werden sie von einem kosmischen Gesetz erfaßt, das ihrer Macht Grenzen setzt. Gott läßt es nicht zu, daß das Universum Seinen Händen entgleitet. Nichts kann sich ereignen, das außerhalb Seines Willens liegt.

Zwei Pfade liegen vor dem Erdenmenschen und er

kann wählen, welchen er betreten möchte. Einerseits kann er in Harmonie mit dem kosmischen Gesetz leben. Und wenn er Einblick in die himmlischen Mysterien erlangt hat, wird er immer in Harmonie *mit* dem kosmischen Gesetz – dem Gesetz der Liebe arbeiten. Andererseits arbeitet ein Mensch, der noch im Zustand der Dunkelheit lebt, wenn auch unbewußt, *gegen* das kosmische Gesetz. Somit umgibt er sich durch viele Inkarnationen hindurch mit Leid. Doch sobald er lernt in Harmonie *mit* dem göttlichen Gesetz zu leben und sich vertrauensvoll dem Willen Gottes unterstellt, wird er glücklich werden. Die Engel des Lichtes arbeiten mit ihm und er mit ihnen. In enger Zusammenarbeit sind beide in der Lage, bei der Entwicklung des Gottesbewußtseins in der übrigen Menschheit mitzuhelfen.

Nun seid euch aber bewußt, daß diese negativen und positiven Kräfte, hell und dunkel, nicht nur in den unsichtbaren Wesen, den Engeln des Lichtes und den Engeln des Schattens, sondern auch innerhalb eines jeden Menschen zu finden sind. Was man sich immer wieder vor Augen halten soll ist die Notwendigkeit des Gleichgewichtes. Negatives Denken kann die Waagschale allzusehr auf die dunkle Seite absinken lassen. Daher sind positive, gute Gedanken äußerst wichtig, um eure Welt im Gleichgewicht zu halten. Je nachdem welchen Grundton die Menschen anschlagen, ziehen sie die entsprechenden unsichtbaren Wesen an. Gleichgewicht ist das Gesetz!

Wir möchten euch eine Vision des Erzengels Michael vor Augen halten, wie er im Sonnenglanz, das Schwert aus Licht in der Hand, vor euch steht. Warum sagen wir «Sonnenglanz»? Weil der Erzengel Michael einer der Sonnengeister ist, ein Bote von der Sonne aus der Sphäre des kosmischen Christus. Das Schwert, das er führt, ist das Schwert geistiger Wahrheit, welches Christus in die Hand eines jeden seiner Getreuen legt. Es ist das Schwert geistiger Wahrheit, gleichbedeutend mit dem Sohn Gottes, der in jeder Menschenbrust wohnt. Es ist die Waffe, die den Menschen in allen seinen Lebenskrisen schützt. Sie befähigt ihn, jedes Hindernis und jeden Feind zu überwinden. Der Erzengel Michael ist der Führer der Heerscharen des Lichtes.

Wichtig ist, daß am Anfang des neuen Zeitalters der Bruderschaft – des Wassermann-Zeitalters – mit seinem riesigen Potential sowohl für Zerstörung als auch für Fortschritt, alle, die darum wissen, die Engel des Lichtes rufen und dem Erzengel Michael und seinen Engelscharen die Treue halten. So wird das weiße Licht das Gleichgewicht halten und die Menschheit in das goldene Zeitalter führen, das Zeitalter der Bruderschaft, das nur darauf wartet, verwirklicht zu werden.

IV

VON ENGELN BEGLEITET

Meine Freunde, wir bringen euch mehr als nur unsere Liebe. Wir bringen euch Weisheit und eine Kraft, die euch helfen wird, euch der Gegenwart, der unsichtbaren Scharen des Lichts, die die Menschheit betreuen, bewußt zu werden. Vergeßt nicht, daß ihr zu einem Kanal, zu einem Werkzeug des Christuslichtes werden könnt, auch wenn ihr euch noch so unbedeutend vorkommt. Vielleicht seid ihr sogar in eure heutige Lebenssituation gebracht worden, um diesen Lichtscharen zu dienen. Steht fest und treu zu allem, was ihr als Wahrheit erkannt habt und wißt, daß das Christuslicht der heilende Faktor sowohl für alle Konflikte wie auch für alle Krankheiten des Körpers und Unzulänglichkeiten der Seele ist. Dieses Licht kann den Leib heilen – mehr noch, es ist der große Heilfaktor für alle Probleme und Leiden, die durch das Böse, wie ihr es nennt, verursacht worden sind. Das Böse ist der Zerstörer. Das Christuslicht ist der Erbauer, der Erschaffer, und ihr, die ihr unsere Worte hört und lest, seid von den Unsichtbaren aufgefordert, zu dienen und euer Wissen in die Tat umzusetzen.

Doch *wie* können wir dienen? mögt ihr fragen. Arbeitet an euch, so daß euch der göttliche Lichtstrom bewußt wird, der durch die Chakras oder Seelenfenster in euer Wesen einfließt. Ihr müßt euch dieses Stromes von Leben und Licht mehr und mehr bewußt werden. Er zirkuliert durch euer gesamtes Wesen, belebt und beschwingt Leib und Seele und wird von eurem höheren Selbst gelenkt, um, weiterfließend, jene in aller Welt zu heilen, die an Geist, Körper und Seele krank sind.

Ihr sollt wissen und verstehen, daß die Engel und die großen geistigen Wesen menschliche Kanäle benötigen, um himmlische Kräfte in das menschliche Bewußtsein einzubauen. Das ist uralte Weisheit. Durch das erwachende Licht in der Seele war es früheren Rassen möglich, das «Land des Lichtes» zu erkennen und feinere, Körper und Seele beeinflussende Schwingungen wahrzunehmen. Sie wurden unterwiesen, wie man mit der «Großen Ursache», der Sonne und ihrem Licht in Einklang und Harmonie kommen kann und wie man die geistige Haltung entwickelt, die keiner lebendigen Kreatur Böses wünscht. So wurde der Schüler zum Kanal für das Licht, das all seine Chakras zum leuchten brachte und somit seine sieben Körper (grob- und feinstoffliche) erhellte.

Die mystische Zahl *Sieben* liegt nicht nur dem Körper, dem Tempel des Menschen, sondern dem gesamten Universum zugrunde. Es gibt sieben Lebensstrahlen, in denen alle Kreaturen leben und ihr Dasein haben. An der Spitze eines jeden dieser Strahlen ist ein Meister der Weisheit und hinter diesen Meistern stehen die Engel und Erzengel um den Thron Gottes. Von jedem dieser sieben Strahlen gehen wiederum sieben Strahlen aus, und von diesen jeweils wiederum sieben Strahlen, so daß hinter dem Schleier, der das Unsichtbare vom Sichtbaren trennt, unzählige Scharen von Wesen existieren, sowohl innerhalb der Evolutionsreihe des Menschen als auch derjenigen der Engel und Naturgeister. Die Lebensströme in allem was wächst und gedeiht, werden von diesen ungezählten Scharen betreut, erhalten und ernährt.

*

Wenn ihr zum Nachthimmel emporschaut und die Myriaden von Sternen betrachtet, vermeint ihr, ein ganzes Universum zu erblicken – doch nichts wißt ihr von dem unsichtbaren Leben in diesem Universum. Weder können eure Augen die Unermeßlichkeit dieses Universums sehen, noch kann sie euer Gehirn begreifen. Doch wenn ihr lernt, in die Stille eures eigenen Herzzentrums zu gehen, beginnt ihr, dieses herrliche Universum zu verstehen und ihr werdet euch seiner Unendlichkeit bewußt.

Wenn ihr in diesem Zustand innerer Stille in eurem Garten umhergeht, könnt ihr außer der Pflanzenwelt, der Tiere und der Menschen noch weitere Kreaturen entdecken. Seid ruhig – zieht euch in den Tempel der Stille und des Schweigens zurück und ihr könnt, wenn vielleicht auch nur für einen Augenblick, unzählige kleine Naturgeister sehen – Blumenelfen und Zwerge. Sogar die Steine sind mit ätherischen Gestalten bevölkert. Normalerweise seht ihr nur die äußere Form der Steine, der Sträucher und Blumen. Wenn ihr aber einmal darüber nachdenken wolltet, wie die Blumen zum blühen kommen, was ihren Duft erzeugt, was es ist, das die eine Blüte gelb und die andere rosa und die Blätter grün färbt, dann müßtet ihr euch fragen, was für Kräfte all dem zugrundeliegen.

In der ganzen Natur wirken kleine und große unsichtbare Wesen, die der Aufsicht eines Engels unter einem der sieben Strahlen unterstellt sind. Sie üben unter der Leitung ihres Gruppenengels automatische Funktionen aus und haben nur wenig Spielraum für freien Willen. Unermüdlich und pausenlos tragen sie Lebenskraft heran, um euren Blumen Schönheit durch Form und Farbe zu verleihen.

Derselbe Prozeß spielt sich auch in allen anderen Lebensbereichen ab. Euer materieller Körper untersteht der Kontrolle eures instinktiven Bewußtseins, man könnte es auch das automatische Bewußtsein nennen. Schlafen, Wachen und andere Funktionen nehmen ihren Verlauf unter der Kontrolle dieses instinktiven Bewußtseins, und dieses wiederum untersteht einem großen Engelwesen. Engel wachen über euch vom Moment der Zeugung bis zur Zeit, da die Silberschnur zerschnitten wird und ihr des Lebens Wirrwarr für eine Zeitspanne verlaßt, um euch in der Himmelswelt auszuruhen.

Wenn du dich erholt hast und die Zeit gekommen ist, in den «Weinberg» zurückzukehren, dann inkarnierst du dich erneut. Du übernimmst neue Aufgaben, um auf dem geistigen Pfad weiterzukommen. Wie du wirken und was du arbeiten willst, ist deine eigene Wahl. Doch stets soll der Gedanke in dir sein: «Ich bin zur Erde gekommen, um dem Leben und der Höherentwicklung der Menschheit zu dienen.» Du lebst und webst und hast dein Wesen in einem geistigen Universum und mußt in demselben deine Rolle spielen.

Wir bemühen uns, euch behilflich zu sein, die Engelwelt mehr und mehr zu erkennen. Engel helfen euch einerseits, die wundervollen Kräfte zu spüren, mit denen Gott euch ausgerüstet hat und andererseits Gottes Macht zu erkennen. Andere Engel arbeiten mit dem «Material», das ihr ihnen durch eure Gedanken und euer Streben anbietet.

Seid euch voll im klaren, wie sehr eure eigenen Gedanken magnetisch zu anderen Gedankenströmen hingezogen werden, seien sie positiver oder negativer Art. Alle eure positiven Gedanken, und wir meinen hiermit emporziehende, konstruktive Gedanken, vereinigen sich durch das Gesetz der gegenseitigen Anziehung mit mächtigen Gedankenströmen des weißen Lichtes. Negative, unfreundliche oder grausame Gedanken stärken ihrerseits den großen Strom der Dunkelheit.

Oh, wieviel unbewußte, gedankenlose Grausamkeit es doch gibt! Gedankenlosigkeit kann viel Leid verursachen und ist daher auch eine Form von Grausamkeit. Andererseits sind eure verantwortungsvolle Fürsorge und euer Wohlwollen jedweder Art ein Beitrag an jenen großen Lichtstrom, von dem die Weiterexistenz der Menschheit abhängt. Gedanklich könnt ihr diesem großen Strom viel Licht zuführen. Wer ihm dieses Licht vorenthält, raubt der Menschheit ihr Lebenselixier – sozusagen ihre Atemluft.

Welch große Verantwortung tragen diejenigen, die um diese Wahrheit wissen. Denkt darüber nach und entschließt euch, Licht und Liebe an den Ozean des Lebens abzugeben. Entschließt euch hier und jetzt, dem Leben als Ganzes und allen euren Geschwistern die besten Gedanken und Gefühle entgegenzubringen.

Die Große Weiße Loge besteht aus sieben Strahlen, sieben Farben, sieben Tönen und sieben großen Lebensströmen. Diese durchdringen die Erde und alle höheren Ebenen und reichen weit darüber hinaus, um die Verbindung mit den sieben Planetensphären herzustellen. In eurem Körper habt ihr die entsprechenden Schwingungen dieser sieben Strahlen. Euer Inneres enthält das Spiegelbild des ganzen Universums. In einer weit entfernten Zukunft werdet ihr zu einem Lichtzentrum, wie Gott es ist. Heute seid ihr noch ein winziger Funke. Einst, nach unvorstellbar langer Zeit, werdet ihr selbst zu einem Universum.

Ist das Leben nicht wundervoll und reichhaltig? Ist es nicht jedwede Anstrengung wert, Meisterschaft zu erlangen und eure gottgegebenen Kräfte einzusetzen? Denkt nie, daß ihr allein seid, oder daß ihr nur für euch leben könntet, denn um euch sind große Wesen, sowohl jene aus der Evolutionslinie der Menschen, wie auch jene aus der Entwicklungsreihe der Engel.

Versuche in der Stille die Gegenwart dieser Engelwesen zu spüren, die Musik ihrer Liebe zu hören und den herrlichen Glanz ihrer Gewänder zu schauen. Möge deine Vorstellungskraft dir die Gestalt deines eigenen Schutzengels enthüllen, jenes Boten, der von Gott gesandt ist, dir durch alle Erdenerfahrungen hilfreich zur Seite zu stehen. Nicht nur hast du einen geistigen Führer aus der Evolutionslinie der Menschen, sondern auch einen Schutzengel aus himmlischen Sphären, der dich in seiner Obhut hat. Viele, viele Male kommt der Schutzengel ganz nahe an dich heran, doch nur in stillen Augenblicken ist deine Seele seinem Wirken aufgeschlossen. Allzuoft bist du mit der Welt und mit dir selber so beschäftigt, daß du taub bist für die Eingebungen deines Schutzengels.

Dem Menschen wurde freier Wille, freie Wahl, gegeben. Jedesmal, wenn er einem guten, einem geistigen Impuls Folge leistet, unterstützt ihn sein Schutzengel. Keine Anstrengung, ein hohes Ziel zu erreichen, auf hohe Schwingungen zu antworten, ist jemals vergebliche Mühe. Doch seid euch bewußt, je mehr eine Seele auf himmlische Einflüsse reagiert und dabei auf dem geistigen Pfad vorwärts kommt, desto stärker wird sie mit Problemen aller Art und mit Schwierigkeiten in den menschlichen Beziehungen geprüft. Der Mensch reagiert auf solche Schwierigkeiten entweder, indem er sich von höheren, geistigen Impulsen leiten läßt, oder indem er dem Instinkt des niederen Selbst folgt. Folgt er den geistigen Impulsen, kann jenes reine, göttliche Licht ihm helfen, freundlich, tolerant, geduldig, treu und gewissenhaft zu sein – Eigenschaften, welche die Seele benötigt, um allmählich zur Vollkommenheit zu gelangen. Doch all dies muß aus eigenem freiem Willen, aus eigener Überzeugung geschehen.

Wir möchten, daß ihr die beiden helfenden Aspekte erkennt, sowohl Führung und Hilfe der Engel, wie auch Führung und Hilfe durch Wesen der menschlichen Evolution. Hierbei ist der Mensch Hauptdarsteller auf der Bühne des Schicksals, denn an *ihm* liegt es, solche Hilfe anzunehmen oder zurückzuweisen. Der Schutzengel ist der Helfer der Seele – *sofern die Seele dies wünscht* – indem er ihr Führung und Kraft verleiht.

Alle wichtigen Ereignisse im Leben eines Menschen werden durch Engelwesen überwacht. Sowohl der eigene Schutzengel, wie auch die Gestalt oder der Einfluß der göttlichen Mutter sind stets zur Zeit der Geburt anwesend. Nicht nur sorgt der Schutzengel für die reinkarnierende Seele, auch die Liebe der göttlichen Mutter umgibt diese Seele und hilft ihr bei der physischen Geburt. Die Geburt auch der kleinsten Kreatur ist eine Manifestation einer unsichtbaren Kraft und wird von Engeln betreut.

Wenn ihr schöner Musik lauscht, wißt ihr kaum, was dabei geschieht. Ihr liebt Harmonie; Musik und Rhythmus beeinflussen euer Gemüt – doch Musik tut mehr. Sie beeinflußt euer *ganzes Wesen*. Nur wenige verstehen die Beeinflussung der Seele durch Musik, nur wenige wissen um die Engel der Musik, die nahe an die der Musik lauschenden Menschen herankommen – Engel, die mit der Höherentwicklung des Menschen zu tun haben.

Durch das ganze Weltall vibrieren sieben Töne, die im Einklang sind mit den ihnen zugehörigen farbigen Lichtstrahlen. Jeder dieser Töne steht in Verbindung mit einem der großen Musikengel. Dürfen wir euch für einen Augenblick in Gedanken in die Sphäre der Musik entrücken? Schließt eure Augen und stellt euch vor, ihr wäret in eine Welt vollkommener Harmonie erhoben. Himmlische Musik ertönt, gespielt wie von einem großen Orchester, dessen Engel sich mit anderen Engelwesen vermischen und durch ihre Schwingung nicht nur eine wunderbare Farbenpracht, sondern sogar Leben erzeugen.

Engel der Musik kommen zu denen, die sie rufen. Wenn du weißt, wie du diese Engelwesen rufen kannst, können sie schöpferische Kräfte in dich einstrahlen, so daß du besser in der Lage bist, die Musik deiner Seele zum Ausdruck zu bringen. Dasselbe gilt für Literatur, Malerei oder für irgendeine der bildenden Künste.

Engel treten auch nahe an die Menschen heran, wenn ein Ritual ausgeübt wird. Wir sprechen natürlich vom reinen, weißmagischen Ritual. Engel des Rituals erscheinen bei großen Zeremonien, um beim Aufbau von Kraft zu helfen. Sie arbeiten mit den höheren und feineren ätherischen Kräften, denen sie Form geben, um den Menschen aus den schöpferischen Sphären des Lebens Schönheit zu bringen. Einige von euch haben vielleicht die Engel des Rituals gesehen, wie sie den wartenden Menschenseelen geistige Kräfte zuführen. In kirchlichen Zeremonien beispielsweise, sind ein oder mehrere Engel anwesend, die, unbeachtet von der wartenden Schar der Gläubigen, Kräfte nach göttlichem Gesetz zuleiten und verteilen.

Während einer Hochzeitsfeier sind stets Engel anwesend, wenn ein wahres, geistiges Streben ersichtlich ist und das entsprechende Ritual angewendet wird, das sowohl auf der seelischen wie auf der irdischen Ebene stattfindet.

Befassen wir uns nun mit den Engeln des Heilens. Bei Heilbehandlungen ist stets ein Heilengel anwesend. Wenn ihr einen von Heilengeln gesegneten Raum betretet und mit eurem inneren Auge schauen könntet, dann würdet ihr sehen, wie die Gestalt eines Engels mit gekreuzten Armen in der Pose der Ruhe den geweihten Raum bewacht. Die Heilengel bringen und verteilen die Heilkräfte, denn sie besitzen ein inneres Wissen, das dem Verstand des Menschen nicht zugänglich ist und das er daher auch nicht von sich aus anwenden kann.

Das Verteilen, Hinlenken und Einstrahlen dieser unsichtbaren, aus farbigem, kosmischem Licht bestehenden Heilkräfte ist in der Tat höchst interessant und wunderbar. Der Heiler spürt die Kraft gewisser Strahlen, wenn sie durch seine Hände strömen. Er spürt etwas, auch wenn er nicht genau weiß, was es ist. Vielleicht meint er, sein geistiger Führer bediene sich seiner. Das mag sein. Doch wären seine inneren Augen geöffnet, würde er den Heilengel (aus dem Entwicklungsstrom der Engel, nicht der Menschen kommend) sehen können, von dem die Strahlen ausgehen.

Die Engel des Heilens sind Christus, dem großen Heiler, unterstellt. Sie sind von strahlender Erscheinung und durchdrungen von Mitgefühl. Einige tragen Kleider einer ganz bestimmten Farbe, während andere in mehrfarbige Gewänder gehüllt sind. Manchmal kommt eine Gruppe von Engeln in einer ganz bestimmten individuell gefärbten Strahlung, und manchmal erscheint die ganze Gruppe in reinem Weiß, und verströmt eine unbeschreibliche Harmonie und einen zauberhaften Duft.

Versucht, euch von oben kommende und mit Engelgestalten erfüllte, machtvolle Lichtstrahlen vorzustellen: Einen goldenen Strahl, einen rosa Strahl, einen Strahl aus reinem Amethyst, einen Strahl aus reinstem Gelb – Strahlen aus allen klaren Farben des Spektrums. Seht in diesen Strahlen ungezählte Gestalten, alle mit menschenähnlichem Antlitz – Engel, die mit kosmischen Strahlen arbeiten, um heilendes Licht und tröstende Kräfte für des Menschen Leib und Seele zu bringen.

Beim Fernheilen wird der Kontakt mit dem Patienten hergestellt, sobald man seinen Namen aufruft. Der Mensch denkt in den Grenzen von Raum und Zeit, doch in der Seelenwelt gibt es weder räumliche noch zeitliche Distanzen. Ist der Kontakt mit dem Patienten einmal hergestellt, dann ist auch schon der betreffende Patient in die Fernheilgruppe einbezogen. Die Heilengel sehen sogleich, was dem Patienten fehlt. Die Gruppe gibt ihre Kraft dazu, konzentriert sich, z. B. auf den violetten Strahl, ist aber vielleicht nicht ganz im klaren, welche Farbnuance anzuwenden ist. Was geschieht dann? Von jedem Gruppenteilnehmer entnehmen die hierfür geschulten Engel ein wenig des erforderlichen Strahls und mischen diese Farben und Strahlen, bis sie die für den Patienten benötigte Tönung haben, die für ihn richtig ist, nicht mehr und nicht weniger. Die Engel entnehmen dem Kopf- und Herzchakra eines jeden Teilnehmers der Fernheilgruppe jene Heilsubstanzen, die sie fähig sind zu geben.

Diese Heiltätigkeit ist von allergrößter Wichtigkeit. In der Zusammenarbeit mit den Engeln, durch eure Bereitwilligkeit ein guter Kanal zu sein, und indem ihr den Engeln die nötigen Gedankenschwingungen vermittelt, helft ihr nicht nur einzelnen Patienten, sondern auch der Evolution der gesamten Menschheit.

Einmal kommt der Moment, da der Mensch sterben muß, wie ihr es nennt. Doch er stirbt natürlich nicht. Geist und Seele, die den Körper bewohnen, werden durch den Kopf sanft herausgezogen und lassen den Leib als leere Hülle zurück. In der Himmelswelt warten Engel, um die «neugeborene» Seele zu empfangen. Der Todesengel ist bei jedem Hinscheidenden anwesend, wie auch immer die Todesart sein mag. Die Seele wird vom Engel in Empfang genommen und behutsam in die geistige Welt getragen. Zumeist ist die ankommende Seele wie ein Baby, denn der Übergang von der physischen zur geistigen Welt ist der Geburt in eurer Welt nicht unähnlich. Die kleine Gestalt schwebt über der sterbenden Hülle und wird eingebettet in die Liebe des Todesengels. Dann wird sie in ihre neue Umgebung gebracht, wo andere Engel auf sie warten, sie hegen und pflegen und sie allmählich erwecken, damit sie ihr neues Leben wahrnehmen kann. Manchmal mag euch der Tod als reiner Zufall erscheinen, nicht aber den karmischen Lords, die genau wissen, wann der Tod eintreten wird und entsprechende Vorbereitungen treffen.

Der Todesengel ist keine schrecklich anzusehende Gestalt, wie man sich ihn vorstellt, auch nicht kalt und grausam. Entferne den Schleier und es enthüllt sich dir ein Antlitz von unaussprechlichem Mitgefühl und unendlicher Gnade und Liebe.

Wir möchten, daß ihr wißt und versteht, wie alles in Gottes Hand liegt und wie genau alle wichtigen Ereignisse im Leben der Menschen vorbereitet werden. Wir möchten, daß ihr Gott als eine Macht erkennt, die euch *immer* liebt. Seid euch stets voll bewußt, meine Freunde, daß euer VATER-MUTTER-GOTT euch *niemals* im Stich läßt. Jesus sagte, daß sogar die Haare auf eurem Haupt gezählt sind und kein Sperling vom Dach fällt, ohne daß euer Vater im Himmel es wüßte. Innig umfangen seid ihr von Seiner Liebe und von der Betreuung Seiner Engel. Bittet und sucht und ihr werdet Segen empfangen, sowohl geistigen wie materiellen, denn das ist angewandtes göttliches Gesetz, und dieses göttlich-kosmische Gesetz versagt nie.

V

FEENLAND

Vielen Menschen ist die Idee der Weiterexistenz der Seele nach dem Tode kaum annehmbar. Völlig unwahrscheinlich erscheint ihnen die Existenz von einer riesig großen Schar von nichtmenschlichen Wesen, deren Wirken das irdische Leben durchdringt und deren Aufgabe es ist, dem großen Plan der geistigen Höherentwicklung voranzuhelfen. Dieses unsichtbare Leben steht hinter jeder materiellen Erscheinung, von der allertiefsten Stufe des Lebens durch alle Sphären hindurch bis zur höchsten Stufe. Es beeinflußt nicht nur jedes Wesen, sondern ist auch mit dem Leben auf anderen Planeten eng verknüpft. Nirgends in der gesamten Schöpfung gibt es so etwas wie «splendid Isolation». Es gibt in Wirklichkeit keine Trennung zwischen den verschiedensten Lebensformen, denn alle sind voneinander abhängig und alle greifen ineinander und bilden ein harmonisches Ganzes. Sogar das was eine Fehlentwicklung zu sein scheint, was euch böse dünkt, was zerstörend wirkt, hat seinen Sinn und Zweck im großen Schöpfungsplan, denn dahinter wirken Gottes Macht, Weisheit und Liebe, die im ganzen Universum Gutes aus scheinbar Bösem erschaffen. Vom Kleinsten bis zum Größten werden auf diese Art alle Lebensformen gelenkt und geeint.

Ihr alle kennt Märchen und Sagen, die vom «Kleinen Volk» erzählen, das die Wälder und Felder bewohnt, oder von Undinen, Nixen und Nymphen, die das Wasser bevölkern. Es gibt Leute, die behaupten, sie hätten solche ätherische Wesen gesehen, die in den Schaumkronen der Wellen reiten. Solche Wesen sowie Elfen und Feen sind auch photographiert worden. Durch die Jahrtausende hindurch haben sich Sagen und Märchen für die Realität feenhafter Wesen verbürgt. Wenn wir tiefer in dieses Gebiet eindringen, werden wir beginnen, die wahren Zusammenhänge dieser Erzählungen zu verstehen und die Wirkung zu begreifen, welche die unsichtbare Welt auf des Menschen Leben und seine geistige Entwicklung ausübt.

Das kleine Volk muß von tausenden von Menschen über die Jahrhunderte hinweg gesehen worden sein, denn Erzählungen davon stammen aus Aegypten, China, Indien, Griechenland, Skandinavien und ganz besonders von den Britischen Inseln. Jedes Land hat seine Märchen und Legenden aus dem Feenreich und in den meisten dieser Erzählungen wird vom kleinen Volk so ziemlich dasselbe berichtet. Die Engländer verdanken viele ihrer Feengeschichten den skandinavischen Ländern und Nordeuropa. Denkt darüber nach, denn aus dem Norden kommt ein großes Erbe geistigen Reichtums. Als vor langer Zeit ein Großteil der Erde in geistige Finsternis gehüllt war, zogen sich weise Männer zurück, um in den nordischen oder hyperboräischen Regionen zu leben. Ohne tiefer in die mystische Bedeutung dieser Tatsachen eindringen zu wollen, möchten wir dennoch klarstellen, daß die Menschheit aus dem Norden einen Reichtum geistiger Erkenntnisse erhalten hat, eingehüllt in Legenden, Sagen und Mysterien.

Auf die Frage, wie die Umwelt beschaffen sei, in der

Naturgeister leben, können wir euch erklären, daß sich diese Wesen im Ätherbereich materialisieren und Gestalt annehmen. Ihr kennt die vier Elemente, Erde, Luft, Feuer und Wasser. Innerhalb dieser Elemente und diese durchdringend existiert ein «Äther», eine feinstoffliche Substanz. Die Luft, die ihr atmet, kann erfaßt, gewogen und analysiert werden. Doch da ist noch eine feinstoffliche Luft, eine ätherische Luft, wie auch ein ätherisches Wasser, eine ätherische Erde und ein ätherisches Feuer, welche die entsprechenden physischen Elemente durchdringen. Aus diesen Äthern sind die Naturgeister erschaffen. Sie gehören daher zu der Ätherwelt, in der sie wirken und aus der sie stammen.

Ihr betrachtet eure Blumen, atmet ihren Duft ein und erfreut euch ihrer Pracht. Doch habt ihr euch je gefragt, was hinter und innerhalb dieser Blumen am Werk ist? Ihr seht in ihnen eine Offenbarung von Gottes Liebe. Richtig – alles ist eine Offenbarung von Gottes Liebe. Doch wie kam diese Offenbarung zustande? Durch welche geistigen Prozesse hat die Blume ihre Gestalt erhalten? Muß da nicht eine Armee von unsichtbaren Helfern sein, die bei der Gestaltung und Formgebung mitwirkt? Ihr sagt: Gott erschuf die Welt, erschuf den Menschen. Gut, doch Er braucht Millionen von helfenden Geistern, um Seinen Willen auszuführen. Er ist der große Architekt, doch Myriaden von Wesen, von den allerkleinsten bis zu den allergrößten, sind Seine Helfer.

Ehe wir uns der eigentlichen Arbeit dieser kleinen Geister zuwenden, möchten wir zwischen den Naturgeistern der vier Elemente und den Elementarwesen

unterscheiden. Letztere entstehen durch Gedanken-
kraft. Viele solcher Elementarwesen sind durch die
Gedanken der Menschen erschaffen und geformt worden. Das sollte euch helfen einzusehen, wie überaus
wichtig eure Gedankenwelt ist. Ihr seid euch kaum bewußt, was ihr durch unreine, heftige oder ängstliche
und depressive Gedanken fortwährend erzeugt.
Manchmal hört man sagen: «Ich spürte unerwünschte
Geistwesen um mich herum» – und dann ist es für uns
recht schwierig, euch zu erklären, daß diese Geister
nichts anderes sind, als die Erzeugnisse eurer eigenen
Gedankenkräfte.

Die kleinen Blumenelfen, die in euren Gärten an der
Arbeit sind, nehmen im allgemeinen von den Menschen keine Notiz, merken es aber, wenn man ihnen
liebevolle, harmonische Gedanken zuschickt. So kann
ein Mensch die Liebe der kleinen Wesen gewinnen,
die mit der unsichtbaren Lebensessenz der Blumen,
Pflanzen und Bäume emsig beschäftigt sind. Sie haben
die verschiedenartigsten Formen, sind zumeist etwas
menschenähnlich und oft beflügelt. Sie können sowohl winzig klein sein, wie auch sehr groß, je nach
der Arbeit, die sie zu leisten haben. Von hellsehenden
Menschen werden sie in Gärten, Wäldern, im Wasser
und manchmal auch am häuslichen Kamin beobachtet. Die letzteren nennt man Feuergeister oder Salamander. Sie, wie auch alle anderen Naturgeister, können recht mutwillig bis bösartig sein, wenn man sie
provoziert. Das hängt ganz von dem Menschen ab, zu
dem sie sich hingezogen fühlen. Wenn ihr an die Existenz der Feen glaubt, wenn ihr sie liebt und versucht
in Liebe und Harmonie mit ihnen zu arbeiten und zu

leben, dann geben sie euch Gegenliebe und dienen euch.

Es gibt natürlich auch Wesen, die dem Schwarzmagier dienen, diese aber möchten wir hier nicht näher beschreiben, da wir lediglich die positive Seite des Naturreiches beleuchten wollen. Alle aber stehen in Gottes Hand.

Kehren wir nun zu den vier Elementen zurück, deren Naturgeister in vier Kategorien eingeteilt werden. Die Erdgeister sind unter vielen Namen bekannt, wie Zwerge, Wichtelmänner, kleines Volk. Wir wollen sie unter der Bezeichnung Gnomen und Elfen zusammenfassen. Die Luftgeister nennt man gewöhnlich Sylphen, die Feuergeister Salamander und die Wassergeister Undinen, doch in diesen vier Gruppen sind noch andere, äußerst verschiedenartige Naturgeister am Werk, ein jeder mit seiner ganz besonderen Aufgabe beschäftigt.

Nahezu alle Naturgeister haben die Fähigkeit, Größe und Aussehen willentlich zu verändern. Für ganz bestimmte Zwecke können sie sich vergrößern oder verkleinern. Tatsächlich sind sie in der Lage, in ihrem eigenen Element beinahe alles zu tun, nicht aber in eines der anderen drei Elemente hinüberzuwechseln. Gnomen beispielsweise, die im Erdreich wirken, können weder in das Element Wasser oder Luft, noch in das Element Feuer gelangen. Sie leben und weben und haben ihr Dasein in ihrem eigenen Ätherbereich und können bis zu tausend Jahre alt werden. Unsterblich aber sind sie nicht. Hierin unterscheiden sie sich vom Menschen und von den höheren Graden geistiger Wesen, die man Engel nennt. Diese himmlischen Boten, die sich um die Menschen kümmern und über die Elementarwesen Machtbefugnisse haben, sind in der Tat unsterblich, doch die Naturgeister nicht. Ist deren Arbeit vollendet, werden diese feenhaften Kreaturen wieder in den Ozean geistigen Lebens absorbiert. Im Gegensatz zu den Menschen haben sie keine individuelle Seele und folgen nicht deren Entwicklungsmuster.

Zwischen den Engeln und den winzigen Naturgeistern besteht ein gewisser Zusammenhang. Letztere sind emsig damit beschäftigt, den Wurzeln, Blättern und Blüten der Pflanzen vitale Kräfte zuzuführen und werden hierzu von Gedankenkräften bestimmter Engelwesen animiert. Somit sind sie selber Gedankenformen und daher auch Elementarwesen genannt. Ist ihre Arbeit getan, dann, wie wir bereits sagten, lösen sie sich auf. Doch nicht alle gehören zu dieser Kategorie, denn viele sind unabhängige Kreaturen ihrer eigenen Evolutionslinie und arbeiten sich die Evolutionsleiter hinan, um allmählich ins Engelreich aufzusteigen. Der Mensch kann ihnen hierbei durch Liebe, Freundlichkeit und Güte helfen.

Und nun zu den Gnomen. In ihrer äußeren Erscheinung sind sie wie kleine Menschlein, können aber ihre Gestalt verändern. Gnomen leben innerhalb des Erdreichs und beschäftigen sich mit der Entwicklung von Gestein und Mineraladern. Wir wissen wohl, daß eure Geologen eine andere Auffassung in dieser Beziehung haben, doch seid euch bewußt, daß sie nicht die ganze Wahrheit kennen. Aus unserer Sicht wissen wir, daß diese Gnomen mit dem Erdelement eng verknüpft sind, wie auch mit der Entstehung und der Gestaltung der Kristalle. Märchen von Zwergen, die Edelsteine in Höhlen bewachen, beruhen durchaus auf Wahrheit.

Elfen, die mit der Pflanzenwelt zu tun haben, bewohnen Bäume, Gebüsch, Gras, kurz, die gesamte Flora. Diese Wesen entnehmen ihre Kleidung aus dem feinstofflichen Erdäther, aus dem sie selber bestehen. Die Gnomen tragen gerne lange Bärte, Mützen, lange Beinkleider, ein Wams und oftmals eine Art Schärpe um die Taille.

Diejenigen von euch, die solche Wesen schon gesehen haben, wissen, daß sie zumeist den Menschen gegenüber freundlich und gutmütig sind und ihnen helfen möchten. Doch mit selbstsüchtigen Leuten wollen sie nichts zu tun haben und werden sehr ungehalten, wenn man versucht, ihre Hilfe zu mißbrauchen. Andererseits reagieren sie auf Liebe besonders gut und deshalb ist es richtig und weise, ihnen Gedanken der Liebe zu senden.

Naturgemäß ist ein Baumelf viel größer als ein Blumenelf oder jene, die in Gräsern und Moosen wohnen. Naturgeister können, wenn sie wollen, zu beträchtlicher Größe heranwachsen. Es gibt Märchen, in denen Kinder Zaubertränke einnehmen, nach deren Genuß sie einmal sehr groß und ein anderes Mal sehr klein werden. Solche Geschichten entspringen nicht nur menschlicher Phantasie, wie man annehmen könnte, die meisten Märchen und Legenden haben ihren Ursprung im Reich der Naturgeister.

Nicht nur die Menschen, auch die Gnomen können heiraten und haben eine Art Familienleben. Sie nehmen Nahrung zu sich, nicht die Art Nahrung wie ihr sie kennt, sondern eine Nahrung, die aus ihrer eigenen ätherischen Substanz besteht. Sie haben einen König und eine Königin, die über ihre Kolonie herrschen, und ihre Paläste erbauen sie aus einer Substanz, die wie Alabaster aussieht, doch durchsichtig ist. Ihr alle kennt Märchen von Kindern, die in einen Zwergenpalast inmitten eines Hügels eingeladen wurden. All dies existiert wirklich, ist aber jenseits physischer Materie und daher jenseits eures Sehvermögens. Habt ihr aber einmal eure hellseherischen Fähigkeiten entfaltet, könnt ihr sie durchaus erblicken. Dasselbe gilt auch für ähnliche Wunderwerke in der Luft und im Wasser. Es gibt Wassergeister, die man Nixen nennt. Auch diese existieren, sind aber jenseits normaler Wahrnehmungsmöglichkeit. Wenn ein Seemann behauptet, er habe eine Meerjungfrau gesehen, wird er ausgelacht. Was in Wirklichkeit geschah ist dies: Für eine Blitzsekunde konnte jener Mann in den Äther des Wasserelementes hineinschauen und sah dort seine Nixe.

Kleine Kinder stehen der geistigen Welt noch sehr nahe. Die Erinnerung an diese Welt und die Naturgeister ist noch lebendig. Deshalb können sie eher in das Land der Feen und Naturgeister sehen als jene, die schon längere Zeit in der irdischen Welt leben.

Wunderbar sind die Wassergeister oder Undinen anzusehen. Es sind graziöse Geschöpfe, die aus der feineren Äthersubstanz des Wassers erschaffen sind. Oft sieht man sie auf den Wellen des Ozeans reiten oder in Felsengrotten ausruhen, wo Farne und Blumen wachsen, oder man findet sie in sumpfigem Gelände. Sie kleiden sich in eine schimmernde Substanz, die wie Wasser aussieht und in allen Farben des Wassers glitzert, doch hauptsächlich in grünen Tönen.

Ihre Arbeit hat mit Unterwasserpflanzen und mit der Bewegung des Wassers zu tun. Sie haben aber auch Zugang zum Wasserelement in der menschlichen Natur, zu der Gefühlswelt des Menschen, zu seinen seelischen Reaktionen. Heftige, leidenschaftliche Gemütsbewegungen locken die Wassergeister in Scharen herbei, die dann mehr Verwirrung und manchmal sogar einen regelrechten emotionsgeladenen Sturm verursachen. Die einzige Macht, die dann einen solchen Sturm besänftigen kann, ist jene des Meisters der Liebe, wie damals, als Jesus dem Sturm auf dem See Genezareth gebot. Auch diese Wesen sind reale Geschöpfe und durchaus gewillt, mit den Menschen zusammen zu arbeiten und ihnen zu dienen. Doch wer seiner Leidenschaft freien Lauf läßt, zieht Gewalttätigkeit an.

Kleinere Undinen zeigen sich oft beflügelt und halten sich in der Nähe von Blumen auf, die in Sümpfen, Mooren, an Bächen und Seen wachsen. Sie sind besonders lieblich anzusehen in ihren aus feinsten Fäden gesponnenen Gewändern und Flügeln, wenn sie wie Irrlichter über einer Moorlandschaft hin und her huschen. Auch sie bestehen aus dem ätherischen Teil des Elementes Wasser und geben den Anschein von belebten Nebelfetzen. Wir wissen, daß es auch für dieses Phänomen eine wissenschaftliche Erklärung gibt, doch, wie bereits angedeutet, ist da noch mehr außer den physikalischen Ursachen und die wissenschaftliche Erklärung ändert nicht den Wahrheitsgehalt unserer Aussage.

Die Luftgeister oder Sylphen leben innerhalb des Elementes Luft und empfinden die durch die Luft jagenden Flugzeuge als sehr lästig. Wundert euch das?

Jegliche Turbulenz in der Luft stört sie sehr empfindlich.

Luftgeister helfen dem Menschen Inspirationen zu empfangen. Die meisten von euch sind der Ansicht, alle Ideen und Erfindungen, alle Inspirationen auf dem Gebiet der Kunst kämen aus euch selber. Ihr meint, ihr selber wäret die Quelle und wißt nicht und wollt auch nur ungern zugeben, daß die Sylphen euch in jeder kreativen Kunst helfen können, so ihr gewillt seid, euch helfen zu lassen. Doch wenn wir euch erklären, daß die Sylphen aus der ätherischen Substanz der Luft stammen, und daß diese Substanz mit den mentalen Kräften des Menschen zusammenhängt und sein Mentalleib von dieser ätherischen Substanz beeinflußt wird, dann könnt ihr eher verstehen, warum die Luftgeister sich zu jenen hingezogen fühlen, die ihre Gedanken- und Gemütskräfte, speziell in den kreativen Künsten, einsetzen.

In Verbindung mit dem Element Feuer steht eine Schar von kleinen Wesen, die man Salamander nennt. Sie sind so gegen 30 cm groß, können aber auch ihre Gestalt vergrößern oder verkleinern. Beim Anzünden eines Feuers sind sie stets anwesend. Ein kleines Mädchen behauptete, es hätte ein kleines Männchen am Kamin gesehen und das hätte ihm beim Feuermachen geholfen. Es sagte die volle Wahrheit. Wo immer ein Feuer brennt, ist auch ein Feuergeist zugegen, ein Salamander, der die Flamme anfacht. Jedesmal wenn ihr ein Streichholz entzündet, wird ein Feuergeist herbeigerufen. Das mag euch unglaubwürdig erscheinen, ist aber dennoch wahr. Der kleine «Mann» ist innerhalb oder «hinter» dem Funken und facht ihn zur Flamme an. Wer beim Feueranzünden unbeholfen ist, sollte freundlich an das Feuergeistchen denken, ja sogar mit ihm reden: «Komm, kleiner Bruder, hilf mir, daß mein Feuer brenne.» Sagst du das freundlich und von ganzem Herzen, dann wird dein Feuer fröhlich brennen. An einem großen, unkontrolliert brennenden Feuer haben die Salamander ihre helle Freude.

Manchmal können die Feuergeister auch Unheil anrichten, speziell, wenn eine disharmonische Atmosphäre in Haus und Hof herrscht. Hitzige Argumente und Streitsucht versetzen sie in Unruhe und stiften sie zu Unfrieden an. Schwierigkeiten übersinnlich-psychischer Art sind stets gefährlich, denn sie können die Salamander zur Aktivität anregen. Dann werden sie zum Problem, denn wie Kinder wissen sie nicht, was sie tun.

Naturgeister sind tatsächlich für viele übersinnliche Phänomene verantwortlich, die man zumeist Verstorbenen zuschreibt. Es ist daher gut, mit diesen zu Schabernack aufgelegten kleinen Wesen zu rechnen. Wenn ihr sie liebt und auch wirklich annehmt, dann empfinden sie eine Art Verantwortung und werden euch wie ein folgsames Tier gehorchen. Doch wer sie ärgert, wird ihren Übermut zu spüren bekommen.

Nicht alle übersinnlichen Phänomene werden von Naturgeistern hervorgerufen, doch seid euch bewußt, sowohl Naturgeister wie Menschengeister sind auf den astralen Ebenen tätig, und die ersteren haben Freude am Spaß und spielen gerne mit übersinnlichen Kräften.

Eines aber möchten wir betonen: Alle Naturgeister, seien sie dem Erd-, dem Wasser-, dem Luft- oder Feuerelement zugeteilt, oder seien sie durch böse Gedanken der Menschen erschaffene Elementarwesen – sie alle unterstehen dem Gebot des einen großen Meisters – Christus. Kein Mann und keine Frau muß befürchten, von einem Natur- oder Elementarwesen auf irgend eine Weise geschädigt oder verletzt zu werden, so lange sie im Licht der Christusliebe verweilen. Niemand braucht sich vor Gespenstern, Spuk oder unangenehmen Manifestationen zu fürchten, denn der Mensch hat den Schlüssel in der Hand. Dieser Schlüssel ist Reinheit der Motive, Reinheit des Lebens und Liebe für alle Kreatur.

Nicht zu verwechseln sind die Naturgeister, Feen, Elfen, Gnomen etc. mit der Unmenge kleiner, emsig mit den Pflanzen beschäftigten Elementarwesen, welche die Sprossen der Evolutionsleiter noch nicht bestiegen haben. Sie sind, wie wir bereits andeuteten, das Produkt von Gedankenkräften höherer Wesen. Wir möchten es so ausdrücken: Sie werden von Engelwesen erschaffen, die der Gruppenseele dieser kleinen Wesen vorstehen. Haben diese kleinen Wesen ihre Arbeit geleistet, lösen sie sich wieder auf, verlieren ihre Gestalt und kehren in ihre Äthersubstanz zurück.

Die eigentlichen Naturgeister werden von ihrer Gruppenseele ermuntert und gelenkt, um Stufe für Stufe in immer höhere Lebensformen emporzusteigen. Diese Wesen sind überall zu finden, außer in großen Städten, denn dort scheuen sie die groben Schwingungen, die durch die heftigen Gemütserregungen der Menschen verursacht werden.

Naturgeister leiden nicht an Krankheiten wie die

Menschen, sie scheuen aber Gewalttätigkeit; sie fühlen sich dadurch verletzt und meiden solche Orte. Ihre Lebenskraft, ihre Nahrung entnehmen sie den Odkräften der Blumen, deren Duft, Farbe und Schönheit sie entzückt. Die Blumenelfen bewegen sich sehr graziös und sind am glücklichsten in einem schönen Garten, wo sie sich jenen Menschen anschließen, die ihrerseits Blumen lieben. Es gibt Elfen, die eng mit einer solchen Menschenseele zusammenarbeiten, weil sie deren spezielle Ausstrahlung lieben und schätzen.

In den verkehrsreichen Straßen der Städte findet man sie nicht, außer es stehen dort Bäume, in denen sie wohnen können. Auch in städtischen Anlagen und Gärten sind sie zuhause, doch wer sie wirklich sehen will, muß in die Wiesen und Wälder gehen, Sumpfgelände und Hügel aufsuchen, denn dort sind sie in unendlich großer Zahl zu finden.

Wer allein auf Wiesenpfaden oder Hügelgelände spazieren geht, wird sich am ehesten der Gegenwart des kleinen Volkes bewußt. Doch dieses Volk ist äußerst scheu und verschwindet, wenn es merkt, daß ein neugieriger Mensch herumstöbert. Märchen und Erzählungen, in denen von einer kleinen Türe im Stamm eines Baumes, durch die ein Zwerg verschwindet, die Rede ist, sind nicht unbegründet. Es ist durchaus möglich, daß so etwas geschieht, wenn der Naturgeist von neugierigen Augen verschont sein will.

In gewissen Gegenden sind die Naturgeister in besonders großen Scharen beheimatet, so zum Beispiel in den Mooren und Hügeln von Schottland, Devonshire und Cornwall und in den indianischen Gebieten Amerikas. Im Land der Rothäute wimmelt es von Naturgeistern, denn in ihrer langen Vergangenheit hatten die Indianer das Geheimnis erlernt, wie sie deren Hilfe für das Wachsen und Reifen der Ernte gewinnen konnten. Nicht nur glaubten sie an Naturgeister, sondern lebten und wirkten in Harmonie mit ihnen, waren sich ihrer Mithilfe bewußt und dankten ihnen dafür. Einmal wird es so weit sein, daß des Menschen Augen und Ohren für das große, unsichtbare Universum geöffnet werden und ein Leben in voller Harmonie mit allen Reichen möglich ist. Wir möchten betonen, wie bedeutsam euer individuelles Dasein im Rahmen der großen Bruderschaft allen Lebens ist, und wie wichtig es ist, in Harmonie mit dem großen Lebensstrom der Engel zusammen zu arbeiten.

Wir sagten einmal, daß wir geneigt seien, *alles* zu glauben. Das scheint eine gewagte Behauptung zu sein, doch wir sind auch heute noch derselben Ansicht, daß es wichtig ist, allen Meinungen gegenüber offen zu sein und nichts für unmöglich zu halten. Wir sind interessiert und glauben an die seltsamsten Dinge, denn es gibt so vieles im Himmel und auf Erden, das unvorstellbar ist und daher in der Philosophie des Menschen keinen Platz hat.

VI

SYMBOLIK DER MÄRCHEN

Die überall in der Natur lebenden Elementarwesen und Naturgeister sind mit des Menschen spiritueller Höherentwicklung, seiner Freude und seinem Verständnis für die Naturschönheiten engstens verknüpft. Es ist deshalb für jeden Menschen, der den geistigen Pfad gehen möchte, wichtig, sich zur gegebenen Zeit dieser mannigfachen Helfer voll bewußt zu werden. Viele Leute konzentrieren ihre ganze Aufmerksamkeit auf das «Leben nach dem Tode», und verschließen ihr Bewußtsein vor der Existenz des «kleinen Volkes». Sie anerkennen die Existenz dieser ihrer «jüngeren Brüder» nicht und begrenzen dadurch ihre Kenntnisse der höheren Welten. An einem gewissen Punkt seiner geistigen Entwicklung angekommen, öffnet sich des Menschen inneres Auge und er wird sich der Welt der Naturgeister bewußt.

Über die vier Elemente haben wir bereits gesprochen und erklärt, daß diese von einer feinstofflichen ätherischen Substanz durchdrungen werden, einer Substanz, die nicht von den physischen Sinnen, jedoch auf übersinnliche oder intuitive Weise erkannt und wahrgenommen wird. Aus dieser ätherischen Substanz der vier Elemente sind die Geschöpfe der Feenwelt erschaffen und daher können sie auch nur vom ätherischen oder dem sechsten Sinn des Menschen erfaßt werden. Die Gnomen oder Erdgeister zum Beispiel, sind aus der ätherischen Substanz des Erdreichs erschaffen. Gleichermaßen sind die Undinen oder Wassergeister aus der ätherischen Substanz des Wasserelementes, die Salamander aus der ätherischen Substanz des Feuerelementes und die Sylphen aus der ätherischen Substanz des Luftelementes hervorgegangen. Jedes dieser Geschöpfe wohnt im Ätherreich jenes Elementes, aus dem es stammt.

Das Entfachen eines lodernden Feuers ist Aufgabe der Salamander. Die Luft- wie auch die Berggeister findet man in einsamen Gegenden und auf hohen Bergen, wo sie ihr mysteriöses, machtvolles Dasein leben und das Eindringen des Menschen in ihr Reich gar nicht immer schätzen. Bergsteiger begegnen oftmals seltsamen Schwierigkeiten, weil diese Geister ihre physische Anwesenheit jenseits gewisser Grenzen nur ungern dulden.

In euren Meditationen könnt ihr, so ihr ausdauernd arbeitet, in die inneren Welten eindringen und diese wunderbaren Wesen erleben, die dort wohnen. Nicht in eurem physischen, sondern in eurem astralen Leib könnt ihr die Wohnungen der Feenwelt besuchen, ihre Feenpaläste innerhalb des Erdreichs sehen.

Das feinstoffliche Leben durchdringt euer physisches Leben. Ihr meint, die Materie sei eine solide Masse, und ihr findet es schwierig anzunehmen, daß ein anderes Leben in dieser anscheinend so festen Materie existiert. Ihr vergeßt, daß die Materie in Wirklichkeit nur ganz lose zusammengesetzt ist und daher von anders schwingenden Zustandsformen durchdrungen werden kann. Somit können wir euch in ein Feenreich, das die irdische Substanz durchdringt, führen, oder in Feengärten, die innerhalb eurer physi-

schen Gärten existieren. In eurer Meditation könnt
ihr in die Tiefe des Ozeans tauchen und die Undinen
in ihren Behausungen innerhalb der feinstofflichen
Substanz des Wassers finden. An Stränden mit einem
reichen Leben von Wasserpflanzen findet ihr im ätherischen Gegenstück des Wassers die kleinen Naturgeister, die Nixen und Nymphen.

Denkt einmal über die vier Elemente nach und werdet euch bewußt, daß diese auch innerhalb eures eigenen Wesens zu finden sind. Hierdurch seid ihr befähigt, die kleinen Wesen dieser vier Elemente zu euch
heranzuziehen – besonders dann, wenn eure Seele die
Einweihungen in diese Elemente erfahren durfte.

Diejenigen von euch, die ein wenig in Esoterik be-
wandert sind, haben vielleicht von den Einweihungen
gehört, welche die Schüler der ägyptischen, griechi-
schen und anderer Mysterienschulen bestehen muß-
ten. Diese Einweihungen beziehen sich auf die Prüfungen, denen der Mensch unterworfen wird, um die den
vier Elementen entsprechenden Seeleneigenschaften
zu testen. Die den Elementen zugehörenden Naturgeister haben bei den Einweihungen ihre Aufgabe auf
den inneren Ebenen.

Wenn ein Mensch durch Erfahrungen geht, die seine Gefühle auf die Probe stellen, sind die Wassergeister, die Undinen mit im Spiel. In einer Lufteinwei-
hung, in der der Mentalleib gestärkt, Gedankenkräfte
geprüft werden, stehen ihm die Sylphen, die Luftgeister hilfreich zur Seite. In einer Erdeinweihung, wenn
die Seele lernen muß, sich von den Fesseln der Materie
zu befreien und den Eigenwillen und die niedere Natur aufzugeben, sind Erdgeister anwesend. Die Feuer-

63

geister, Salamander oder Sonnengeister bemühen sich um die Seele, wenn sie die Lektion der Liebe zu erlernen hat.

Ein anderer Aspekt unserer Betrachtungen bezieht sich auf die Rolle, welche die Feen in den Märchen spielen. Viele dieser Märchen, die von altersher bekannt sind, handeln von des Menschen Seelenerfahrungen. Hier gelangen wir in das Reich der Magie, denn jegliche Magie hängt zum großen Teil mit Naturgeistern zusammen. Hier denken wir besonders an Geschichten, in denen ein bestimmter Gegenstand, an den ein Natur- oder Elementarwesen gebunden ist, vorkommt, und das, wenn «gerufen», dem Besitzer dieses Gegenstandes gehorcht. Die Märchen vom Geist in Aladins Wunderlampe, oder von einem Geist, der gehorchen muß, wenn ein Ring gerieben wird, haben tiefen Wahrheitsgehalt. Amulette und ähnliche Gegenstände aus früheren Zeiten haben oftmals ein Elementarwesen an sich gekettet. Solche Wesen können von Okkultisten, Priestern oder Magiern, welche die Gesetze der ätherischen Sphäre kennen, herbeizitiert und dienstbar gemacht werden.

Wir möchten hier einflechten, daß jene, die die Macht besitzen, sich Naturgeister dienstbar zu machen, auch ein bestimmtes Maß von Verantwortung und wahrer geistiger Entwicklung haben müssen. Bei Mißbrauch sind unangenehme Folgen zu gewärtigen. Ein Eingeweihter beispielsweise, lebt in Harmonie mit dem Naturgesetz und die Naturgeister und Elementarwesen arbeiten daher gerne mit ihm zusammen. Erinnert euch, wie bereitwillig die Luft- und Wassergeister Meister Jesus während eines Sturmes auf dem See

64

gehorchten. Sie hatten gar keine andere Wahl, denn sie erkannten in ihm den Adepten, den Meister. Ein Okkultist dagegen, der wohl gewisse Kenntnisse hat, wahre Machtbefugnis jedoch nicht besitzt, könnte mit einem Naturgeist einen Pakt schließen. «Ich will dir zu Diensten sein», mag er sagen, «wenn du zuvor mir dienstbar bist.» So wird er, wie Faust es tat, seine eigene Seele verkaufen, damit der Geist ihm diene. Dann aber kommt die Abrechnung und er muß seinerseits dem Naturgeist dienen.

Ein Gnom, der an Juwelen und Ähnliches gebunden ist, dient dem, der den Schmuck trägt, wenn dieser ihn liebt und freundlich behandelt. Das fundamentale Gesetz des Lebens ist Liebe. Gnomen schauen gerne zum Menschen auf und erwarten Liebe und Güte von ihm. Sie lieben es, den Menschen nachzuahmen, nicht nur seine Kleidung, sondern auch seine Persönlichkeit. So beispielsweise sehen Naturgeister in China wie Chinesen aus, in Indien wie Inder. Sie passen sich der Kleidung und den Gewohnheiten des Landes, in dem sie leben, an. Die Menschen tragen den Elementarwesen gegenüber eine Verantwortung, denn menschliche Liebe, Güte und Reinheit des Lebens sind ihnen wichtig.

Wenn des Menschen Natur verdirbt und entartet, entstehen ätherische Geschöpfe von ganz anderer Art und viel niedrigerer Schwingung, als die Wesen der vier Naturreiche. Die Ausstrahlungen eines Menschen, der in Grausamkeit schwelgt oder seinen groben Gelüsten nachgeht, erschaffen Elementarwesen, die verhältnismäßig leicht zu sehen sind. Jene bedauernswerten Leute beispielsweise, die infolge von Alkoholgenuß im Delirium häßliche Gestalten erblicken, haben keine Halluzinationen, sondern sehen tatsächlich elementare Gestalten, die sie durch ihre eigene alkoholische Ausdünstung erschaffen haben.

Jene, die heftigen Leidenschaften nachgeben, erzeugen Kreaturen von wiederum anderer Art. Ihre Leidenschaften bringen eine ganze Armee von kleinen «Teufelchen», wie man sie nicht zu unrecht nennen könnte, hervor. Diese Geschöpfe können 30 bis 40 cm groß sein, manchmal schwarz, manchmal feurig rot, mit Hörnern und Schwänzen, und ein Sensitiver wird sie sehen, hören und fühlen. Ab und zu vernimmt man die Redewendung: «Der wird ja vom Teufel geritten.» Manch' wahres Wort wird im Spaß gesagt! Auch Depressionen bringen Elementarwesen hervor, die dem anhaften, der sie erzeugt hat. In der Tat, jeder gewaltsame Gefühlsausbruch erschafft Elementarwesen aus der eigenen niederen ätherischen Substanz. Umgekehrt erzeugen eure harmonischen und emporstrebenden Gedanken feine, glückliche und charmante Wesen, die sich für euch und für die euch umgebenden Menschen einsetzen.

Wenn die Menschen einmal klar erkennen, was sie durch ihre Gedanken, Gemütsbewegungen und Reaktionen in der ätherischen Welt auslösen, werden sie vielleicht verstehen, wie notwendig die Selbstdisziplin in ihrem Leben ist.

Ihr alle seid euch bewußt, daß es zwei Aspekte der menschlichen Natur gibt. Einerseits ist es jener Teil des Menschen, der am Irdischen klebt, jener Teil seiner Natur, der nur den Wunsch hat, die sinnlichen Bedürfnisse zu befriedigen. Wenn die niederen Triebe überwiegen, dann wird der Mensch deren Sklave. Ist andererseits der Geist, das höhere Selbst, fähig, sich über die niederen Wünsche zu erheben, dann gewinnt die Seele den Kampf und besteht ihre Prüfungen.

Die meisten Märchen befassen sich mit den beiden Aspekten der menschlichen Natur, der materiellen und der geistigen. In den erzieherisch wertvollen Märchen erkennt man die Umwandlung der niederen Natur durch das Licht, die kreativen Sonnenkräfte. Diese Märchen und Mythen haben den Zweck, den Uneingeweihten zu belehren, wie diese Sonnenkräfte erweckt und nach außen gerichtet werden können, um in Form von Licht und geistiger Kraft anderen zu helfen.

In diesen Märchen ist der König sehr oft die zentrale Figur und die Erzählung beginnt mit den Worten: «Es war einmal ein König, der hatte eine schöne Tochter.» Viele Prinzen und Edelleute kommen von fernen Landen angereist und werben um die Hand der Prinzessin. Der König sagt sodann zu ihnen: «Meine Tochter soll derjenige von euch bekommen, der mir den goldenen Apfel oder einen anderen begehrten Gegenstand bringt.» Diese seltenen Gegenstände sind stets am Ende einer langen Reise, jenseits hoher Berge, hinter dunklen Wäldern und reißenden Strömen zu finden.

Wenn der Prinz die Prinzessin gewinnen will, muß er zuvor auf seine Charaktereigenschaften geprüft werden. Jede dieser Prüfungen bedeutet eine Einweihung. So z. B. repräsentiert ein dunkler Wald mit seinen wilden Tieren die astrale Welt der niederen, gemütsbedingten Wünsche und Triebe, denen der Prinz ausgesetzt ist. Diese Versuchungen zu überwinden braucht viel Mut. Er muß sein Ziel im Auge behalten und darf sich weder verführen lassen noch seinen Mut verlieren.

Manch einer von euch, sei es in einem Traum oder während einer Meditation, findet sich in solch einem finsteren Wald und ist von wilden Tieren bedroht. Wenn ihr eure Furcht überwindet, können sie euch nichts anhaben. Solche Erfahrungen sind Prüfungen der Seele, sind Mutprüfungen auf der astralen Ebene. Die Angst ist einer der größten Feinde des Menschen, und deshalb muß die Seele lernen, jede Angst abzulegen. Furcht ist ein Feind des Lebens. Viele Menschen lassen sich von Furcht und Angst beherrschen – Angst vor der Zukunft, Angst vor Krankheit und Tod, Angst, sein Hab und Gut zu verlieren, Angst vor Hunger und Angst vor Verlust eines Freundes. Ungezählte Ängste plagen die Menschheit. Die große Prüfung, die der Eingeweihte zu bestehen hat, ist die Überwindung der Angst in ihren subtilsten Formen.

Der Prinz, der im Märchen die Hand der Prinzessin gewinnen möchte, muß vielleicht einem feurigen Drachen entgegentreten. Dieser Drache bedeutet des Prinzen niedere Natur. Anders gesagt, die Sonnenkraft, das schöpferische Feuer, das im Menschen wohnt, kann in furchterregender Gestalt in Erscheinung treten und das Leben bedrohen. Ist die feurige Natur nicht unter Kontrolle, drängt sie den Menschen Schreckliches zu tun. Unter Kontrolle hingegen wird

68

dieses Feuer als Liebe ins Herz und als göttliche Intelligenz ins Haupt emporsteigen. Ein Fehlen von Selbstkontrolle äußert sich in schlechter Laune und Wutausbrüchen. Steigt die Lebenskraft, das Licht, ins Herzzentrum, wird sie in Liebeswärme, Sympathie und Güte umgewandelt. Steigt sie ins Kopfzentrum, dann ist sie von der niederen Natur zur höheren umgewandelt und wird symbolisch als Heiligenschein oder als goldene Krone auf dem Haupt des Eingeweihten dargestellt.

In der Mythologie bedeutet Gold immer göttliche Liebe, göttliche Sonnenkraft. Silber andererseits steht symbolisch für den Intellekt. Wir lehnen die Entwicklung des Intellektes nicht ab, denn er kann und muß zum Kanal für göttliche Intelligenz werden. Intellekt aber muß auf die richtige Weise eingesetzt werden und darf die Weisheit des Herzens nicht dominieren. Die Weisheit des Herzens ist Gold – ein brillanter Intellekt ist Silber. Sind diese beiden in vollkommenem Gleichgewicht, folgen göttliche Intelligenz und geistige Vollendung – wenn es so etwas überhaupt gibt – und der Sieg über die niedere Natur.

Der Prinz in unserem Märchen muß vielleicht einen reißenden Fluß überqueren oder dem Sturm auf offenem Meer trotzen. In diesen beiden Gefahren erkennt ihr die emotionelle Natur des Menschen: der Prinz muß seine ungezähmten Gefühle besiegen. Ihr werdet erkennen, daß die erwähnten Märchen mit den vier Elementen Erde, Luft, Feuer und Wasser zusammenhängen. Diese, wie gesagt, symbolisieren die vier großen Einweihungen. Der Prinz muß seine Prüfungen in allen vier Elementen bestehen. Das Element Erde steht für die letzte Einweihung, denn es versinnbildlicht den vollständigen Triumph über den Erdenmenschen und die Geburt des Christusmenschen. Hat unser Prinz alle vier Prüfungen bestanden, ist er für die Hochzeit mit der Prinzessin bereit.

Viele der alten Märchen gehen in diese Richtung. Sie beschreiben die Geschichte der geistigen Entfaltung und Höherentwicklung der Seele. Am Ende steht immer die mystische Hochzeit – die Verbindung zwischen Seele und Geist. Des Menschen Seele, die ihren Feind, die niedere Natur, besiegte und rein wurde, ist letztendlich zur vollen Einswerdung mit dem höheren Selbst bereit.

Dornröschen, die kleine Prinzessin, war die große Freude ihrer königlichen Eltern. Feen kamen zu ihrer Taufe, brachten Gaben von Schönheit, Reichtum und alle guten Dinge, die ein kleines Mädchen sich wünscht. Nachdem die guten Feen gegangen waren, erschien die böse Fee. Den Eltern wurde mitgeteilt, daß an einem bestimmten Zeitpunkt im Leben des Kindes die Möglichkeit einer Katastrophe bestünde, und das besorgte Königspaar tat alles, um ihr Kind zu schützen – doch ohne Erfolg.

Eine große Wahrheit liegt diesem Märchen zugrunde. Es ist für den geistigen Fortschritt der Seele notwendig, durch gewisse Erfahrungen und Prüfungen hindurch zu gehen.

So mußte die Prinzessin den Stich der Spindel erleiden und fiel in einen hundertjährigen Schlaf. Wir meinen, daß dieser Schlaf das Sinnbild ist für den materiellen Aspekt des Lebens, der die Seele beansprucht und angekettet hat. Ihr alle seid wie diese Prinzessin.

Könntet ihr euer wahres Selbst sehen, ihr wäret erstaunt, denn euer wahres Selbst ist so wunderschön wie die Märchenprinzessin. Jenseits der Materie, auf einer höheren Ebene wohnt die Prinzessin – euer höheres Selbst. In den meisten Menschen wurde die «Prinzessin» in einer früheren Inkarnation durch weltliche Gesinnung «verletzt» und fiel in einen Zauberschlaf. Manchmal braucht es lange Zeit, um das höhere Selbst zu erwecken, und nur die Liebe hat die Macht, die Prinzessin zu erlösen.

So schläft das höhere Selbst bis die Zeit reif ist. Im Dornröschen-Märchen schläft die Prinzessin in einem Schloß, das von einer hohen Dornenhecke umgeben ist. Ist das nicht ein anschauliches Bild für die Zustände in eurer Welt? Eure materielle Welt scheint tatsächlich die schlafende Seele vollständig zu umschließen. Oftmals seht ihr nur das grobe Äußere eines Menschen. Könntet ihr dieses wegschneiden – ihr fändet im Innern schlafend ein schönes und feines Wesen.

Hier, meine Freunde, liegt sowohl eure, als auch unsere Arbeit – die Prinzessin hinter all dem Dornengestrüpp zu finden. Das ist nicht leicht. Alle Menschen tragen das Licht in sich. Alle haben das höhere «Prinzessinnen-Selbst». Es ist unser aller Aufgabe, liebevoll miteinander umzugehen, nur das Beste zu sehen, zu versuchen, das Gute herauszuholen und es auf alle nur mögliche Art zu fördern.

Wenn du in der Meditation den Kontakt mit deinem geistigen Führer gefunden hast, wirst du ihn als geduldigen und gütigen Meister erleben, der niemals hart ist oder dich verurteilt, niemals dich drängt und immer bemüht ist, deiner wahren Natur zum Durchbruch zu verhelfen. An diesen Eigenschaften erkennst du deinen wahren Lehrer und geistigen Führer, denn Lehrer von der höheren geistigen Welt sind stets liebevoll und wollen nur das Beste. Doch schmeicheln werden sie nicht! Sie sehen das Beste in dir und verhelfen deiner höheren Natur zum Durchbruch. In dem Maße, wie die Seele sich entwickelt und entfaltet, wird sie fähig, sowohl die Weisheit ihres Lehrers als auch die Schönheit des geistigen Pfades, der vor ihr liegt, zu erkennen.

Das Schneewittchen-Märchen handelt von einer Prinzessin, die einer Zauberin zum Opfer fiel. Sie floh aus dem Schloß, weil die böse Stiefmutter ihr nach dem Leben trachtete und verirrte sich im Wald. Das illustriert, wie der böse Aspekt stets versucht, den guten zu vernichten. Das Märchen handelt vom höheren Selbst des Menschen, welches vom niederen Selbst durch den Schatten, den man das Böse nennt, getrennt wird. Das Kind des Lichtes, unser Schneewittchen, geht in die Wildnis, verirrt sich im Wald um zu lernen, um Erfahrungen zu sammeln. Es sucht nach Wahrheit. Der Wald, in dem Schneewittchen umherirrt, steht symbolhaft für die Wildnis, durch die die erschrockene Seele in unserer Welt wandert. Dann gelangt die Seele, das Kind, zu den freundlichen Zwergen (Symbole für die Eigenschaften der Seele).

Dann aber kommen böse Mächte, dunkle Kräfte und versuchen Leib und Seele zu zerstören – zu vergiften. Ist es nicht interessant, daß dasselbe Symbol des Apfels wie in der Genesis verwendet wird? Die kleine Prinzessin wird verführt, einen Apfel zu essen, und das ist ihr Verderben. Sie fällt in einen tiefen Schlaf, den

Todesschlaf. Passiert das nicht laufend euch allen? Das Böse in der Welt ist erpicht euer wahres höheres Selbst auszulöschen – doch es gelingt ihm nie ganz. Das Böse kann die Seele nie gänzlich töten. Vielmehr bleibt sie in einem Zustand der Gefangenschaft, dem Tode ähnlich, bis die Zeit für das Kommen des Prinzen reif ist. In diesem Zustand verharrt die Seele nicht nur über eine Zeitspanne von einigen Monaten oder Jahren, sondern vielleicht während vieler Leben. Die Seele schläft in einem gläsernen Sarg – im Wartezustand. Dann kommt im rechten Moment der Prinz, um die schlafende Prinzessin zu wecken. Hier ist wiederum die mystische Hochzeit zwischen Seele und Geist symbolhaft geschildert.

Wir sprechen zu euch, liebe Freunde, mit ganz einfachen Worten, wie zu Kindern, denn die tiefen Wahrheiten sind so einfach, daß sie der Mensch in seiner Überheblichkeit oft übersieht. Sein intellektueller Verstand ist derart überentwickelt, daß er das Allereinfachste, welches das ganze Problem des Erdenlebens lösen könnte, nicht beachtet. Es ist der Kuß des Prinzen, des göttlichen Sohnes – das Erwachen der Liebe – der Christusgeist in des Menschen Herz.

Seid glücklich, seid erfüllt mit Freude und schaut vorwärts ins Licht. Strebt unbeirrt zum goldenen Herzen der Liebe und wißt, daß alles gut ist. Lebt und bewegt euch im ewigen, goldenen Licht – und nichts kann euch etwas anhaben. Die einzige Wirklichkeit ist das Licht – ist Gott – ist Liebe.

VII

IN HARMONIE MIT ALLEM LEBEN

Man sagt von gewissen Leuten, sie hätten «grüne Daumen». Ihre harmonische Schwingung zieht eine große Schar Naturgeister an. Sie wecken deren Interesse und können diese kleinen Wesen zur Mitarbeit gewinnen. Andere Menschen haben diesen Aspekt ihres Wesens nicht entwickelt. Sie mögen der Meinung sein, daß sie Blumen lieben, was bis zu einem gewissen Grad auch stimmen mag. Liebe aber beinhaltet unbeirrbares Dienen. Pflanzliches Leben wirklich lieben heißt, sich mit diesem Lebensstrom in Harmonie zu bringen. Nicht alle sind dazu fähig, weil sie zur Zeit andere Seiten ihrer siebenfachen Gottnatur zu entfalten haben. Der vollkommen gewordene Mensch hingegen ist Herr der Naturreiche und besitzt die Gabe, die Naturgeister zum Helfen und Dienen aufzurufen.

Liebt eure Blumen, meine Freunde. Sprecht zu ihnen. Sprecht auch mit Bruder Baum. Der Indianer hielt Zwiesprache mit dem Geist der Bäume, den dahineilenden Bächen und Strömen. Er sprach mit dem Großen Geist des Berges – ihm war alles Leben Ausdruck des Großen Weißen Geistes.

Seid freundlich mit den Gänseblümchen, mit den Blumen am Wegrand, ja mit jedem Grashalm. Versucht euch als Bruder jeder lebendigen Kreatur zu fühlen. Sogar das Mineralreich ist mit göttlichem Leben erfüllt, und jeder Stein am Wegrand schwingt mit dem

Licht und dem Leben, das er mit allen Pflanzen teilt. Wäre euer inneres Auge geöffnet, ihr würdet die Schwingungen der Bäume und Blumen eures Gartens farbig und lebendig pulsierend erleben.

Die ganze Erde ist durchdrungen von dem göttlichen Feuer des Lebens, auch Liebe genannt, und kann als das eigentliche Leben in allem bezeichnet werden. Sogar in Metallen, Erzen, Mineralien und anderer «toter» Materie ist göttliches Feuer, das der Hellsehende als winzige pulsierende Lichtfünkchen erkennt. Göttliches Leben pulsiert in aller Natur.

Die Naturgeister bringen den Blumen die Farbe, indem sie über den Hauptstengel der Pflanze arbeiten und je nach Art und Pflanzengattung ihre eigene Essenz dazugeben. Anders gesagt: die Blume nimmt die Farbe des mit ihr arbeitenden Naturgeistes an. Die Essenz, die Bewußtseinsqualität des die Pflanze betreuenden Wesens findet ihren Ausdruck in Form und Farbe der Blüte. Könntet ihr mit «offenen» Augen einen Baum betrachten, ihr würdet mehr sehen als nur Stamm, Äste und Blätter. Ihr würdet dann sehen, wie das göttliche Feuer vom Erdreich und Wurzelstock den Stamm emporlodert, um dann sein Licht in alle Äste und Blätter zu verteilen. Das geschieht in besonders starkem Maße jedes Frühjahr. Dieses göttliche Feuer leuchtet nicht nur in der Atmosphäre, in den Sonnenstrahlen, sondern auch in der Erde und in der gesamten Natur.

Nicht nur vibriert die innere oder ätherische Welt in Farben, Tönen und Düften, sondern sie ist gleichzeitig auch von den Strahlen der Planeten durchflutet. Gewisse Teile und Organe eures Körpers schwingen in

76

Harmonie mit bestimmten Planeten, denn jeder Planet hat seine Entsprechung im menschlichen Wesen. Versucht diese Schwingungen besser zu verstehen und intensiver zu empfangen, zu empfinden. Habt ihr einmal gelernt in harmonischer Übereinstimmung mit allem Leben zu schwingen, dann seid ihr Meister geworden.

*

Wir möchten euch so gerne aus eurer persönlichen Sphäre heraus und emporziehen – jenseits der Begrenzungen des heutigen Erdenbewußtseins – hinein in das Leben der Ewigkeit. Gebraucht eure göttliche Vorstellungsgabe und kommt mit uns in einen Tempel, wo wir alle vor dem Altar niederknien. Ein Strahl goldenen Sonnenlichtes durchflutet den Tempel. Könnt ihr sehen, daß dieser goldene Lebensstrom mehr ist als Sonnenlicht? Schaut genau hin – es ist das Leben selber, mit Lebensessenz geladen, mit winzigen Lebensfünkchen, die im Raum wirbeln. Jetzt sehen wir diese winzigen Fünkchen sich in niederen Lebensformen manifestieren, und es kommt uns zum Bewußtsein, wie stark wir mit diesen Lebensfunken, mit unseren jüngeren Brüdern des Mineral-, Pflanzen- und Tierreiches verbunden sind...

Betrachtet diesen goldenen Lebensstrom, versenkt euch darin und horcht auf die Sphärenmusik des geistigen Lebens. Horcht hin, und ihr spürt ihre Harmonie in euren Herzen widerhallen. *Horcht tief innerlich hin...*

Ihr seid nun eingehüllt in eine Farbenharmonie zartester Tönung. Ihr seid in der geistigen Welt, und ungezählte Wesen in der Strahlenpracht geistigen Sonnenlichts bewegen sich um euch. An ihren besonderen Farben und ihrer speziellen Harmonie erkennen wir planetarische Engel, die mit uns und in uns wirken. Jeder muß lernen den Einfluß desjenigen Engels zu erkennen, der in seinem gegenwärtigen Leben am stärksten mit ihm verbunden ist. Auf diese Weise werden wir zu einem besseren Kanal im Dienst an unseren jüngeren Brüdern. Auf einer höheren Ebene zieht jeder diejenigen planetarischen Engel an, deren besondere Hilfe seine Seele in der jeweiligen Inkarnation benötigt. Wenn die Chakras, die Seelenfenster des Menschen, lebendiger und leuchtender werden, dann beginnt die Menschheit, bewußt und mit intelligentem Verständnis auf den Einfluß dieser Planetenengel anzusprechen. Ist dies zur allgemeinen Gewohnheit geworden, wird ein neues goldenes Zeitalter anbrechen.

Je nach Ort und Zeit deiner Geburt wurdest du – das Ego – an bestimmte Planeten stärker gebunden als an andere. Lehrer von diesen Planeten sind in Kontakt mit deinem höheren Selbst. Das wurde lange vor deiner Zeugung angeordnet. Vor der Geburt eines Kindes werden spezifische, magnetische und geistige Ströme zu den ausgewählten Eltern geleitet. Diese Ströme sind mit jenen planetarischen Kräften verbunden, welche die Seele des neuen Erdenbürgers beeinflussen sollen. Das Bindeglied, das Kind und Eltern zusammenbringt, wurde in vergangenen Leben geschmiedet. Die Seele wird unter der Weisung der «Lords of Karma» von den himmlischen Ebenen auf die Erde gesandt.

Mit den «sieben Engeln um den Thron Gottes» in

der Offenbarung Johannes sind die planetarischen Wesen gemeint – die großen Wächter der Flamme – die alle zur Inkarnation bereiten Seelen in ihrer Obhut haben. Jede Seele kehrt mit den ihr entsprechenden planetarischen Kräften ausgerüstet in eine neue Inkarnation zurück.

Gewisse vorherrschende Einflüsse durchdringen das Leben und gestalten die Umweltbedingungen der inkarnierenden Seele. Außer diesen Kräften ist noch eine weit höhere Macht am Werk, eine heilige Flamme, die heller leuchtet als alle das Ego beeinflussenden planetarischen Strahlen. Diese helle Flamme ist der Mittelpunkt des menschlichen Wesens, die Sonne, das Göttliche in seinem Herzen. Wenn im Laufe der geistigen Höherentwicklung die Leuchtkraft des Herz-Zentrums zunimmt, werden Engel von jedem Planeten sich der Seele annehmen, um ihr auf ihrem Entwicklungspfad zu helfen.

Wenig wißt ihr von der gewaltigen Organisation des geistigen Lebens. Wenn der große Meister sagt: «Werden nicht fünf Sperlinge für zwei Pfennige verkauft und keiner fällt ohne Gottes Wissen vom Dach, ja auch die Haare auf eurem Haupt sind gezählt» – dann ist dies keine Übertreibung. Das Leben ist derart vollkommen geplant, daß jeder Schritt bemerkt und registriert wird. Registriert werden nicht nur eure Taten, sondern auch euer Bestreben und eure Gedanken. Registriert werden aber auch alle Auswirkungen von Gedanken und Handlungen, die jene beeinflussen, die euren Lebenspfad immer wieder kreuzen.

Der physische Körper wird unter der Aufsicht planetarischer Engel aufgebaut und durch planetarische

Beeinflussung gestaltet. Jede Krankheit des Leibes kann auf planetarische – daher auch karmische – Beeinflussung zurückgeführt werden. Jedes Tierkreiszeichen korrespondiert mit einem Teil des physischen Körpers und jeder Planet hat eine Entsprechung mit dem einen oder anderen der feinstofflichen Körper des Menschen. Und wiederum ist jeder dieser feinstofflichen Körper einem der sieben Chakras zugeordnet, d.h. an dieses gebunden.

Diese inneren Wahrheiten um die planetarischen Engel und um die Kräfte, die auf die Seele wirken, waren den Weisen in alten Zeiten durchaus bekannt. Zu Beginn des Lebens auf der Erde waren diese planetarischen Engelwesen den damaligen Menschen sichtbar. Sie wurden als Gottmenschen – als Gottgesandte verehrt. Als sich der Mensch mehr und mehr in die Finsternis der Materie verlor, entschwand die Hierarchie der Engel aus seinem Gesichtsfeld. Ist er einmal auf dem emporsteigenden Bogen der Entwicklung angelangt und erkennt er durch das helle Leuchten seiner sieben Chakras die Stufe, auf der er steht, dann wird er die planetarischen Engel mit vollem Bewußtsein schauen und erkennen. Diese wachen über die Höherentwicklung des Menschen und über seine Rückkehr im voll entfalteten Bewußtsein zu VATER-MUTTER-GOTT.

*

«Am Anfang war das Wort», seine Schwingung erschuf das Licht. Das Licht wiederum war der «Sohn», der Erstgeborene des VATERS. Im Licht ist alles Le—

ben und das Licht ist in sieben Strahlen eingeteilt. Auf diesen sieben farbigen Strahlen des Lichtes kommen die planetarischen Engelwesen oder Boten, um der Menschenrasse weiterzuhelfen. Und wenn ein Heiler gewisse farbige Heilstrahlen an seine Patienten verströmt, dann verbindet er sich – wenn er es richtig macht – mit den Engeln des betreffenden Strahls.

Die Engel wirken in gewissen geistigen Sphären und richten ihre Liebe auf die irdische Ebene. Sie wirken durch Gruppen aller Kategorien bis hinab zur kleinsten Lebensform. Wir wollen damit sagen, daß auch der Instinkt der niederen Lebensformen von einem der großen Engelwesen geleitet und gelenkt wird. So wird ein Tier instinktiv auf den kontrollierenden Einfluß seiner Gruppenseele reagieren und die Gruppenseele wiederum steht unter der Liebe und der Weisheit eines Engels. Ähnlich ist es bei den primitiven Menschenrassen und Menschengruppen. Erst bei den höher entwickelten Seelen der menschlichen Familie beobachten wir einen gewissen Grad von freiem Willen. Jene Engel, die den Gruppengeist beeinflussen, dienen unter der Obhut eines der sieben großen Wesen um den Thron Gottes – um das zentrale Licht – der Ersten Ursache – Gott.

Von diesem zentralen Punkt, der Ersten Ursache, gehen ungezählte Millionen von Lebenslinien aus, wie feine und feinste Äderchen. Man könnte den großen Lebensplan vielleicht mit der menschlichen Blutzirkulation vergleichen. Jeder Lebensstrahl ist in vollkommenster Weise mit dem Zentrum verbunden. Nichts in der Schöpfung geschieht von ungefähr. Alles ist Vollkommenheit – vollkommener Rhythmus – vollkommene Form und größte Präzision in jeder Einzelheit. Denke an die Schönheit in Farbe und Beschaffenheit eines Schmetterlingsflügels und überlege, daß du durch ein Mikroskop schauen und eine klare, starke Lichtquelle auf das Objektiv lenken mußt, um seine ganze Schönheit zu entdecken. Genauso verhält es sich mit einer kleinen Blume. Unter dem Mikroskop erblickst du ihre Pracht, strahlend wie ein Juwel. Alle Regenbogenfarben werden von ihren Blütenblättern reflektiert, und wenn du um die Musik der Sphären weißt, dann hörst du den Ton der Schönheit jener kleinen Blume wie einen Gesang.

Halte in deinem täglichen Leben Ausschau nach Schönheit. Nimm nichts als selbstverständlich hin. Suche die Schönheit im Sonnenlicht, im Tautropfen, in der ganzen Natur. Wenn du kannst, gehe früh am Morgen hinaus, solange noch der Tau auf den Gräsern und auf den dünnen Spinnwebfäden glitzert. Betrachte die Schönheit dieser feinsten Kunstwerke und spüre dann, wie sich in deiner Seele ein Gefühl der Bruderschaft und des Verwandtseins mit diesen kleinen Wundern regt.

Ein Bruder der «Großen Weißen Loge» ist sich seiner Beziehung zu allen Lebensformen voll bewußt. Er kann sich mit dem kleinsten Insekt, mit einer Blume, dem Sonnenlicht, den fallenden Regentropfen identifizieren. Dies ist der Weg, meine Freunde. Auf ihm gelangen alle in den Tempel Gottes. Der Poet sagt: «Kleinste Blume in der Mauerritze, könnt' dein Leben ich verstehn, ich würde Gott begreifen und Sein ganzes Universum.» Und du *wirst* es begreifen – nicht mit dem Verstand allein, sondern indem du dich mit dem

Licht und mit den Lebensströmen identifizierst und EINS wirst mit der Schwingung der Sonne – der Schwingung Gottes.

Bemühe dich, wenn du irgendeine Lebensform betrachtest, in das *Innere* ihres Wesens zu dringen und ihren Geist zu erkennen. Siehe und erkenne den Geist in jedem Wurzelstock, im Stamm, in den Ästen und den Blättern. Sieh' wie das Licht gemeinsam mit dem Saft emporsteigt – in den Sträuchern, Blumen, Bäumen und in der gesamten Natur. Suche stets den Geist innerhalb einer jeden Lebensform. Fühle die Beziehung zu dem göttlichen Leben in jedem Wesen. Spüre dieses Leben in der Luft, die du atmest, im Wasser, in dem du badest und im Quell, aus dem du trinkst, im Wind, in den Lüften und im Feuer. Pflege diese Gabe des Geistes, nenne sie Einbildung oder Vorstellungskraft, wenn du willst. Bedenke jedoch, daß diese Gabe die Brücke ist, die dich über die physische Materie hinaus in die ätherischen und in die himmlischen Welten führen kann. Diese Fähigkeit kann dir und in der Tat der ganzen Menschheit dienen. Sie fördert die Harmonie in dir und erschafft Schönheit in deinem Leben, denn es werden dir Reiche eröffnet, von denen du zur Zeit noch keine Ahnung hast.

Lerne daher, deine eigene Person, das begrenzende Ego zu vergessen, den beschränkenden Zellen des Gehirns, dem kleinen Ich, zu entfliehen – auf den Flügeln der Imagination. Dann fühlst du dich frei im Lande der Meditation, dem wahren Land des Lichtes. Dort schaust du hinter die Kulissen des physischen Lebens und begreifst den wahren Sinn der Bruderschaft. Du wirst erkennen, daß du nicht mit ganzem Herzen, ganzer Seele und ganzem Gemüt dienen kannst, ohne in deinem geistigen Wachsen Christus ähnlicher zu werden. Dann weißt du auch, daß du dich in keiner Weise vom großen Ozean des Lebens wirst trennen können. Du kannst deinem Bruder aus dem Pflanzen-, Tier- oder Menschen-Reich nicht weh tun, ohne dir selber weh zu tun.

So kommen wir zurück zu der einfachen Lehre Jesu Christi, dem Gottessohn, dem Licht: «Kinder, liebet einander..., liebet einander!»

*

Meine Freunde, in Liebe sind wir zusammengekommen und in Liebe gehen wir auseinander, doch stets wird uns das Band der Liebe zusammenhalten, wird Herz mit Herz verbinden. Liebt euch gegenseitig und liebt die große Bruderschaft allen Lebens. Seid geduldig und tolerant mit den Fehlern der anderen. Mit der Zeit werden diese Fehler schwinden und ihr erkennt euch gegenseitig als gerechte und wahre Brüder des Lichtes – als vollkommene Töchter und Söhne Gottes.

WHITE EAGLE
Unser geistiger Bruder spricht

Vielen Menschen, die nach einem erweiterten Weltbild Ausschau gehalten haben, sind inzwischen die Grundlinien dieser umfassenderen Erkenntnis vom Universum und der Rolle des Menschen in ihm vertraut. Doch handelt es sich vielfach immer noch um ein nur theoretisches Wissen, dem es an praktischer Umsetzung mangelt. Dazu trägt die Kopflastigkeit in puncto Theorie bei, die leider auch in vielen 'esoterischen' Büchern zu finden ist.

WHITE EAGLE geht deshalb in diesem neuen Band besonders auf den Alltag ein. Mit seiner wunderbar gütigen Weisheit greift er die Probleme auf, die jedem begegnen, der einmal mit seinem Nachbarn, Kollegen oder Verwandten über ein Leben vor dem Leben, ein Leben nach dem Tod oder die Existenz von Engeln zu reden versuchte. Wie kann man die doch so beglückenden neuen geistigen Erkenntnisse, die man sich erworben hat, an seine Mitmenschen weitergeben?

Wie verhält man sich, wenn man wegen seines Glaubens an die Wirklichkeit von Schutzengeln oder der Überzeugung vom Mitwirken der Elfen und Zwerge im Garten verspottet wird?

Wie plant man seine Meditationszeit in den vom Stress gekennzeichneten Tagesablauf ein?

Keine dieser Fragen ist den »älteren Brüdern« der Menschen fremd. Sie wissen um die Schwierigkeiten auf dem PFAD und sie setzen all ihre Kraft ein, um uns mit Inspiration und neuer Energie zu beschenken, die uns hilft, jene Probleme zu meistern, die sich vor wenigen Inkarnationen noch vor ihnen auftürmten.

Wenn Sie dieses kleine Büchlein von WHITE EAGLE in ihrer Anzugs- oder Handtasche zu Ihrem Alltagsbegleiter machen, werden Sie erleben, wieviel leichter es Ihnen fällt, die Aufgaben des täglichen Lebens zu meistern.

WHITE EAGLE BÜCHER

WER IST WHITE EAGLE (von Walter Ohr)
48 Seiten, DM 10.-

IN DER STILLE LIEGT DIE KRAFT (The quiet mind)
Auslese der markantesten Worte von White Eagle
55 Seiten, DM 12.-

WUNDER DES LICHTES (Morninglight)
Über das Woher, Wohin und Warum des Menschen
64 Seiten, DM 12.-

DAS LEBEN JENSEITS DER TODESPFORTE (Sunrise)
Ein Buch, das Trost spendet und wahres Wissen vermittelt
64 Seiten, DM 12.-

GEBETE IM NEUEN ZEITALTER (Prayer in the new age)
Gebete und Invokationen
96 Seiten, DM 14.-

WEISHEIT VON WHITE EAGLE (Wisdom from White Eagle)
Vermittelt das Weltbild des neuen Zeitalters und erklärt das
geistige Gesetz und seine Auswirkungen
96 Seiten, DM 14.-

UNSER GEISTIGER BRUDER SPRICHT (The gentle Brother)
Geistige Ratschläge für den Alltag
80 Seiten, DM 14.-

NATURGEISTER UND ENGEL (Spiritual Unfoldment II)
Das verborgene Leben der Naturgeister und Engelwesen
84 Seiten, DM 14.-

DIE GOLDENE ERNTE DER LIEBE (Golden Harvest)
Der Weg der geistigen Erfüllung
64 Seiten, DM 14.-

DIE VIER GROSSEN EINWEIHUNGEN (The Path of the Soul)
Wege zu einer inneren Wirklichkeit
88 Seiten, DM 14.-

DER WEG ZUM HÖHEREN SELBST (Spiritual Unfoldment III)
Ein Wegweiser zu den inneren Mysterien
96 Seiten, DM 16.-

MEDITATION (Meditation)
Theorie und Praxis der White Eagle-Meditation
120 Seiten, DM 19.80